Ullstein

ÜBER DAS BUCH:

»Edelsteine sind mehr als nur kostbare Schmuckstücke zur Repräsentation von Ästhetik und Wohlstand. Vielmehr symbolisieren sie Materie gewordene Energie in höchster Konzentration, die sich der Mensch zunutze machen kann, wenn er sich für die in ihnen verborgenen Kräfte öffnet.« *(Laura Lorenzo)*
In diesem Kompendium werden alle bekannten Schmuck- und Edelsteine vorgestellt und in ihrer Anwendung und Wirkungsweise detailliert erklärt. Neben den sachlichen Kriterien zur Bestimmung der einzelnen Steine enthält dieses Lexikon alle wesentlichen Charakteristika, die für die Edelsteintherapie unentbehrlich sind.

Weitere Veröffentlichung von Laura Lorenzo:
Das kleine Lexikon der Farben (1994).

Laura Lorenzo

Edelsteine,
die heilen

Anwendung und Wirkung
der Heilsteine von A-Z

Ullstein

Ullstein Buchverlage GmbH,
Berlin
Taschenbuchnummer 35576
Ursprünglicher Titel der
Originalausgabe:
Das kleine Lexikon
der Edelsteine

Ungekürzte Ausgabe
(auf der Grundlage der 3. Auflage)
Mit 4 Seiten Farbabbildungen
und zahlreichen Zeichnungen im Text

2. Auflage Juli 1997

Umschlagentwurf:
Vera Bauer
unter Verwendung einer Abbildung
von Mauritius
Alle Rechte vorbehalten
© 1993 by TAOASIS VERLAG,
32657 Lemgo
Lithos: City Repro, Berlin
Printed in Germany 1997
Druck und Verarbeitung:
Ebner Ulm
ISBN 3 548 35576 5

Gedruckt auf alterungs-
beständigem Papier mit
chlorfrei gebleichtem Zellstoff

Die Deutsche Bibliothek –
CIP-Einheitsaufnahme

Lorenzo, Laura:
Edelsteine, die heilen : Anwendung und Wirkung
der Heilsteine von A – Z / Laura Lorenzo. –
Ungekürzte Ausg., 2. Aufl. – Berlin : Ullstein, 1997
  (Taschenbuchnummer 35576 : Esoterik)
  ISBN 3-548-35576-5
NE: GT

*Edelsteine sind mehr als nur kostbare Schmuckstücke
zur Repräsentation von Ästhetik und Wohlstand.
Vielmehr symbolisieren sie Materie gewordene Energie
in höchster Konzentration,
die sich der Mensch zunutze machen kann,
wenn er sich für die in ihnen verborgenen Kräfte öffnet.
Vielleicht sind in den Steinen
verschlüsselte Botschaften enthalten,
mit denen die Natur den Menschen
zu seinem Ursprung zurückführen will.
Sollte dem so sein, so ist die Edelsteintherapie
- auf ähnliche Weise wie die Aromatherapie -
ein heilsames Medium, durch welches Mensch und Natur
wieder zueinanderfinden könnten.*

Laura Lorenzo

Widmung

*für Axel, Shantala, Siddhartha
und Govinda*

Inhalt

Vorwort 7
Einblick 9

Was Sie schon immer über Edelsteine wissen wollten
Was sind Edelsteine? 11
Die Geschichte der Edelsteine und Mineralien 11
Charakterisierung der Heilsteine 13

Kleine Edelsteinkunde
Die Bedeutung der Namen 14
Die Chakras 14
Die Mineralgruppen 23
Die Farben 24
Der Härtegrade 28
Das spezifische Gewicht 29
Die Lichtbrechung 29
Die Bedeutung der Kristallformen 30
Die Durchsichtigkeit 32
Die chemische Zusammensetzung 32
Die Hauptvorkommen 34

Der Umgang mit den Edelsteinen
Die Auswahl der Edelsteine 35
Das Ritual der Reinigung 36
Das Aufladen 36

Die einzelnen Edelsteine von A-Z
38

ANHANG
Die Anwendung der Heilsteine 132
Die Herstellung von Edelstein-Elixieren 132
Die Herstellung von Umschlägen 134
Die Herstellung von Bädern 135
Notfalltropfen 135
Therapeutischer Index 136

Vorwort

Nach Jahrzehnten rücksichtslosen technischen *Fortschritts* und der hautnahen Erfahrung der daraus resultierenden, teilweise katastrophalen Folgen scheint zur Zeit in den Industrienationen der westlichen Welt eine Art Rückbesinnung auf jahrtausendealte natürliche Gesetzmäßigkeiten stattzufinden. Das Bewußtsein um die Begrenztheit unseres Planeten und die sich verbreitende Erkenntnis, daß sich die Natur offensichtlich nicht beliebig vergewaltigen läßt, stimmt zunehmend mehr Menschen nachdenklich. Die sich ständig verschlechternden Umweltbedingungen lassen bereits jetzt eine eingeschränkte Lebensqualität spürbar werden, weshalb das blinde Vertrauen in den so oft gepriesenen technischen Fortschritt schwindet. Dies betrifft nicht nur den wirtschaftlichen Bereich, sondern alle Aspekte des menschlichen Lebens - insbesondere jedoch den gesundheitlichen und medizinischen Aspekt.

Es scheint daher kaum verwunderlich, daß sich immer mehr Menschen mit dem uralten Wissen unserer Vorfahren auseinandersetzen und bereit sind, die Wirkungsweise der als veraltet und überholt geglaubten Heilweisen und Methoden zur Erhöhung des körperlichen und geistigen Wohlbefindens selbst auszuprobieren.

Neben der Naturheilkunde und der Aromatherapie ist die Edelsteintherapie zur Zeit eine der beliebtesten Heilmethoden. Wenngleich der überwiegende Teil der Menschen, die das *Edelsteinfieber* erfaßt hat, die mehr oder weniger kostbaren Steine hauptsächlich wegen ihrer äußerlichen Schönheit tragen, so wird die Frage nach einer möglichen Wirkung der Edelsteine immer häufiger diskutiert. Dem wissenschaftsorientierten westlichen Menschen, der darauf programmiert wurde nur sichtbare, rational erklärbare Zusammenhänge zu akzeptieren, fällt es besonders schwer, zu einer tot geglaubten Materie Zugang zu bekommen, der zudem auch noch heilende Eigenschaften zugesprochen werden.

Mir selbst hat sich die Welt der Edelsteine geöffnet, nachdem ich vor Jahren einen Edelstein in Form eines *Donats*, einem etwa fünfmarkstückgroßen Stein mit einer runden Öffnung in der Mitte, geschenkt bekam. Der Stein, den ich an einem Lederband in Höhe des Herzens trug, faszinierte mich zunächst auch nur wegen seiner äußerlichen Schönheit. Schließlich wußte ich bis dahin wenig über die in den Steinen verborgenen Kräfte. Doch schon bald bemerkte ich an mir eine Veränderung, die ich mir zunächst nicht erklären konnte.

Als mich sogar Freunde und Bekannte auf meine *gelassene* und *ausgeglichene* Ausstrahlung ansprachen, wurde mir bewußt, daß die beruhigende und sammelnde Kraft, die ich spürte, von dem Stein kam. Die Tatsache, daß die spezifische Eigenschaft eines Steines mit seiner Farbe und den in ihm eingelagerten Metallen zusammenhängt und seine Wirkungsweise durch die Lichteinstrahlung auf den Körper des Benutzers *übertragen* wird, machte mich neugierig. Ich trug Informationen über die Wirkungsweise von Heilsteinen zusammen und fing an zu experimentieren. Ich testete andere Steine mit anderen Eigenschaften, gab meinen Kindern und Freunden Steine zum Ausprobieren. Wenngleich ich zunächst auf sehr viel Skepsis stieß, so konnte ich beobachten, daß es meistens die anfänglichen Kritiker waren, die schon nach kurzer Zeit aus Begeisterung und Freude über die neu erlangte Erfahrung andere Steine *testen* wollten.

Für mich selbst ist die Erfahrung mit den unterschiedlichen Heilwirkungen von Edelsteinen zu einem festen Bestandteil meines Lebens geworden. Wenngleich die verborgene Kraft der Steine mit Worten nur schwer auszudrücken ist, so ist sie umso leichter selbst zu erfahren.

Dieses kleine Lexikon der Edelsteine entstand aus einer inneren Eingebung heraus, und ich hoffe, daß sich dem Leser durch den Umgang mit den Heilsteinen, ebenso wie mir Jahre zuvor, eine ganz neue Welt des Erlebens eröffnet.

Lemgo, im Herbst 1993

Einblick

Schon früh machte sich der Mensch die Welt der spaltbaren Steine zunutze, indem er Werkzeuge, Klingen und Speerspitzen aus ihnen herstellte. Der Umgang mit den Steinen brachte es mit sich, daß bestimmte Steine verehrt und zu Kultzwecken verwendet wurden. In Ägypten bauten die Menschen beispielsweise riesige Pyramiden aus Stein als letzte Ruhestätte für Pharaonen und Könige. Sie sollten eine Trennung zwischen dem Totenreich und der Welt der Lebenden symbolisieren. In ihren Grabkammern wurden später besonders kostbare Edelsteine gefunden, die dem Toten den Übergang der Seele von dieser Welt in eine andere erleichtern sollte.

Edelsteine wurden schon im Altertum und Mittelalter - wenn auch mit den Vorstellungen des Aberglaubens behaftet - zu Heilzwecken verwendet. Zu Pulver zermahlen, wurden sie beispielsweise gegen Schlangenbisse, Skorpionstiche, Vergiftungen sowie zur allgemeinen Stärkung bei Wunden und Liebeskummer eingenommen.

Aus Edelsteinen wurden sogar Becher angefertigt, aus denen die Kranken trinken sollten, um wieder zu genesen. Es wurden Talismäner oder Amulette getragen, die dem Eigentümer des entsprechenden Steines Glück bringen oder drohendes Unheil von ihm abwenden sollten.

Die Entdeckung von Edelsteinlagerstätten geschah meist zufällig. Viele Männer haben dieser Aufgabe ihr Leben gewidmet, oft unter Einsatz all der ihnen zur Verfügung stehenden Kräfte. Manche blieben jedoch erfolglos. Im Laufe der Zeit entwickelten sich, neben der Gewinnung von Edelsteinen, auch ganz bestimmte Schleiftechniken heraus. Sie sollten das Farbspiel und die Schönheit der Edelsteine noch mehr zur Geltung bringen, waren vor allem in Königshäusern beliebt und füllten so manche Schatzkammer. Geblendet durch die Schönheit der Edelsteine, waren sie lange Zeit ein Symbol von Reichtum und Wohlstand. Das Wissen um ihre heilenden Eigenschaften geriet fast völlig in Vergessenheit. Durch zunehmende Bewußtwerdungsprozesse der Menschen heutiger Zeit, die einer auf materiellen Wohlstand ausgerichteten Denkweise überdrüssig geworden sind, konnte altes Wissen wieder zum Leben erweckt werden. Immer mehr Menschen beschäftigen sich mit der Anwendung alternativer Heilmethoden. So hat auch die Edelsteintherapie eine Art Renaissance erlebt. In vielen kleinen Läden und auf Märkten werden eine Vielzahl wertvoller Steine zum Kauf angeboten. Trotz allem ist jedoch den wenigsten unter uns die Heilwirkung und der Umgang mit den Edelsteinen vertraut.

Dieses Lexikon soll den interessierten Leser mit der Anwendung und Wirkungsweise von Heilsteinen vertraut machen und ihm helfen, den für ihn geeigneten *Stein* aus der Vielzahl der Angebote herauszusuchen.

Zu beachten ist jedoch, daß die Edelsteintherapie nur als unterstützende Heilweise eingesetzt werden soll, in keinem Fall aber einen Arzt ersetzt.

Was Sie schon immer über Edelsteine wissen wollten

Was sind Edelsteine?

Von den unzähligen unterschiedlichen Steinen, die es auf der Erde gibt, wird nur ein verschwindend geringer Teil als Edelsteine bezeichnet. Mineralien müssen klar definierte Kriterien erfüllen, damit sie als Edelsteine bezeichnet werden dürfen. Eines der Hauptkriterien ist der Härtegrad, der von dem Mineralogen Friedrich Mohs anhand von zehn Vergleichsmineralien festgelegt wurde (siehe Seite 28). Edelsteine müssen auf dieser *Mohs'schen* Härteskala mindestens den Härtegrad 7 besitzen. Darüber hinaus müssen sie durchsichtig sein, einen starken Glanz, klare Farben und eine hohe Lichtbrechung haben.

Die sogenannten *klassischen* Edelsteine wie Diamanten, Rubine, Saphire und Smaragde erfüllen all diese Kriterien. Mineralien, die diese Voraussetzungen nicht erfüllen, aber aufgrund ihrer Schönheit zu Schmuck verarbeitet werden, tragen die Bezeichnung *Schmucksteine* oder *Halbedelsteine*. Die in diesem Lexikon beschriebenen Steine wurden weniger nach ihrer Schönheit oder den klassischen Kriterien für Edelsteine ausgewählt, sondern vielmehr nach der für die Edelsteintherapie bedeutsamen Heilwirkungen.

Die Geschichte der Edelsteine und Mineralien

Mit der Belebung unseres Planeten begann auch die Entstehungsgeschichte der Edelsteine. So, wie die Natur ständigen Umwandlungsprozessen unterworfen ist, unterliegen auch die Edelsteine und Mineralien diesen Gesetzmäßigkeiten, denn in der Natur ist nichts starr und gleichbleibend. Das einzig Beständige ist der ewige Wandel. Durch Verschiebung der Erd- und Gesteinsschichten, die Entstehung von Vulkanen, die ihre gewaltigen Lavamassen aus den Tiefen der Erde an die Oberfläche brachten, blieb auch die Erdkruste in ständiger Bewegung. Aus dieser Bewegung heraus haben sich Edelsteine in verschiedenen Schichten der Erde durch Kristallisation, Umwandlungs- oder Verwitterungsprozesse gebildet. Dies soll im folgenden anhand einiger Beispiele verdeutlicht werden.

Im Erdinnern befindet sich eine glühende Masse verschiedenartiger Stoffe, die als *Magma* bezeichnet wird. Dieses Magma kühlt sich umso mehr ab, desto näher es an die Erdoberfläche stößt, und kristallisiert je nach Temperatur ganz bestimmte Minerale aus. Kristallisiert das Magma tief unter der Erdoberfläche aus, wird es als *Tiefengestein* bezeichnet. Hierzu gehören beispielsweise der *Diamant,* der *Peridot* und der *Labradorit.*
Neben den Tiefengesteinen, die sich aus kristallinen Mineralien gebildet haben, gibt es auch Magmagesteine, die keine kristalline Form besitzen und aus dem sogenannten Gesteinsglas gebildet werden. Diese Magmagesteine befinden sich an der Erdoberfläche und werden als *Schmelzen* oder *Ergußgesteine* bezeichnet. Sie unterscheiden sich in Struktur und Aussehen von den Tiefengesteinen. Hierzu zählen hauptsächlich *Achate* und *Opale.* Für die Entstehung von Edelsteinen sind auch sogenannte *Pegmatite* zu erwähnen. Das sind grobe Gesteine, die Mineralbestandteile aus den Dämpfen enthalten, die sich nach einer Eruption des Magmas gebildet haben. Pegmatite bestehen aus *Quarz, Feldspat, Granit* und *Glimmer,* während in den Dämpfen oft seltene Elemente wie Bor, Beryllium, Fluor und Lithium enthalten sind. Hierzu gehören zum Beispiel der *Topas,* der *Beryll* und der *Chrysoberyll.*
Kristallisiert das Magma tief in der Erdoberfläche, dringt es auch in vorhandene Spalten und Risse ein. Durch die große Hitzeeinwirkung, den hohen Druck oder die chemischen Lösungen kommt es zu einer Kristallisierung bereits vorhandener Mineralien, die dann als *metamorphisches Gestein* bezeichnet werden. Dazu zählen der *Rubin,* der *Saphir,* der *Smaragd* und der *Nephrit.*
Sedimentsgesteine sind nicht edelsteinbildend, aber dennoch von Bedeutung, weil in ihnen viele Edelsteine gefunden werden. Sie bilden sich in der oberen Erdkruste durch Einwirkung von Wasser, Gletschern und Winden, indem sie aus ihrem Muttergestein abgetrennt werden und in Ablagerungen geraten. Manche von ihnen sinken durch Erdkatastrophen wieder in die Tiefe ab, werden durch hohe Temperaturen umgeschmolzen und verbinden sich mit anderen Schmelzen. Kommen sie nach

langer Zeit durch erneute Umweltereignisse wieder an die Erdoberfläche, sind sie völlig verwandelt. Auf diese Weise entstanden beispielsweise der *Nephrit*, der *Jadeit* und der *Granat*. Nach dem Abklingen der Vulkantätigkeit kam es an vielen Orten der Erde zu sogenannten Erzgängen oder Erzlagerstätten. Erzgänge entstehen an Gesteinsklüften durch Ablagerungen mineralischer Stoffe aus heißen Lösungen. Diese Erzgänge erhielten ihre Namen entsprechend ihrer mineralischen Zusammensetzung. So gibt es beispielsweise Kupfererze, aus deren Verwitterungsprodukten der *Malachit*, der *Azurit*, der *Türkis* und der *Chrysopras* entstanden sind.

Als Letztes sei erwähnt, daß sich in der Erdkruste eine große Menge an Silizium befindet. Verbindet sich dieses an der Luft mit Sauerstoff, entsteht Kieselsäure, deren kristalline Form die Quarze bildet. Bindet sich die Kieselsäure vorher mit anderen Elementen, entstehen sogenannte Silikate, zu denen beispielsweise der *Turmalin*, der *Beryll*, der *Granat* und der *Zirkon* gehören.

Charakterisierung der Heilsteine

Hauptkriterien für die Charakteristika der einzelnen Heilsteine sind die im alphabetischen Teil des Lexikons unter jedem Stein beschriebenen Merkmale wie *Chakra, Mineralgruppe, Farbe, Härtegrad, spezifisches Gewicht, Lichtbrechung, Kristallsystem, Durchsichtigkeit, chemische Zusammensetzung* und *Hauptvorkommen*. Diese Charakteristika ermöglichen es dem Leser auf einen Blick, einen Edelstein einstufen und diesen von anderen unterscheiden zu können. Unter den Kriterien *Körperliche Heilwirkung* und *Psychische Heilwirkung* sowie *Anwendung und Wirkungsweise* werden die einzelnen Steine im Detail beschrieben. Durch die Kenntnis ihrer Besonderheiten und Eigenarten wird es auch dem Laien möglich, jeden einzelnen Heilstein in seiner Ganzheit zu erfassen und ihn gezielt und richtig einzusetzen.

Kleine Edelsteinkunde

Die Bedeutung der Namen

Die Namen der Edelsteine sind keine willkürlichen Erfindungen unserer Vorfahren, sondern charakterisieren meistens ganz bestimmte Eigenschaften, Fundorte, Farben oder Personen, die sie entdeckt haben. Oft haben diese Namen ihren Ursprung in der griechischen, lateinischen oder deutschen Sprache. Während beispielsweise der *Achat* seinen Namen von dem sizilianischen Fluß *Achates* hat, erhielt der *Azurit* seinen Namen aufgrund seiner typisch *azur*-blauen Farbe aus dem französischen *(azure = blau)*.

Um dem Leser ein wenig mit der Geschichte des betreffenden Steines vertraut zu machen, steht unter der Bezeichnung Historie jeweils eine kurze Beschreibung über die Entstehung des Namens.

Die Chakras

Der Begriff *Chakra* stammt aus dem Sanskrit und bedeutet *Rad* oder *Scheibe*. Ihren Ursprung hat die jahrtausendealte Chakra-Lehre in der indischen und tibetischen Mythologie. Chakras sind, ähnlich wie die Aura des Menschen, mit dem bloßen Auge nicht sichtbar. Von dem auf empirische Wissenschaften fixierten Mitteleuropäer können sie am ehesten als miteinander verbundene Energiezentren verstanden werden, durch welche die kosmische Energie einströmt und den Körper mit Lebenskraft auflädt. Auf ähnliche Weise wie das Ein- und Ausatmen von Luft unentbehrlich ist, ist auch der Austausch unsichtbarer kosmischer Energien für den menschlichen Organismus absolut lebensnotwendig. Die einzelnen Chakras drehen sich kreisförmig in einer bestimmten Richtung und Geschwindigkeit. Jedes Chakra arbeitet selbstständig, ist aber dennoch mit den anderen verbunden. Befindet sich ein Mensch in Harmonie, sind die Chakras geöffnet. Dabei strömt die Lebensenergie über das untere Chakra in unseren Körper ein und aktiviert der Reihe nach jedes darüberliegende Chakra. Ist ein Chakra durch körperliche oder seelische Verspannungen blockiert, so ist der Energiefluß gestört, und der Organismus wird über die nachfolgenden Chakras unzureichend mit Energie versorgt. Dieses Ungleichgewicht ist Ursache von organischen Funktionsstörungen und den daraus entstehenden Krankheiten.

Die universelle Energie strömt in Form von Licht über die sieben Chakras in unseren Körper ein. Sie haben die Aufgabe, diese Energie zu transformieren, damit sie von unserem Körper absorbiert werden kann. Das Licht dringt nicht als gebündelter Strahl in unseren Körper ein, sondern teilt sich auf in die sieben Farbstrahlen, die auch im Regenbogen erscheinen. Jeder Farbstrahl wird einem Chakra zugeordnet und gibt ihm eine ganz bestimmte Farbschwingung. Aufgrund dieser Gesetzmäßigkeit sind die einzelnen Chakras ebenfalls empfänglich für die Farbschwingung der Edelsteine. Je klarer und leuchtender die Farben der Steine sind, desto größer ist ihre Wirkung. Durch Auflegen von Edelsteinen auf die Chakras gleicher Schwingungsfrequenz werden die Chakras aktiviert. Da sie über die Drüsen mit den körperlichen Funktionen verbunden sind, wirken die Chakras über die Energiebahnen bis in die geistigen und seelischen Bereiche hinein. Körperblockaden können aufgelöst und Heilungsprozesse in Gang gesetzt werden.

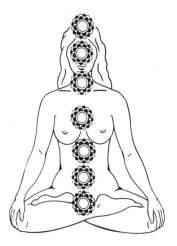

Das erste Chakra: Basis- oder Wurzelchakra

Das Wurzelchakra liegt etwas oberhalb der Geschlechtsorgane, zwischen Anus und Genitalien, und ist mit dem Steißbein verbunden. Seine Grundschwingung ist *rot*.

Das Wurzelchakra ist zuständig für die Blutverteilung und den Zellaufbau. Ihm zugeordnete Teile des Körpers sind die Wirbelsäule, der Dickdarm, das Blut, die Zähne und die Geschlechtsorgane. Es ist verantwortlich für die Entwicklung der Sexualkraft und die Fortpflanzungsfähigkeit des Menschen. Selbsterhaltungskraft und Vitalität, Erdverbundenheit und ein Urvertrauen in uns selbst, das uns hilft, auch scheinbar ausweglose Lebenssituationen zu meistern, haben hier ihren Ursprung. Ebenso ist es das Zentrum unserer materiellen Wünsche, irdischen Begierden und existentiellen Absicherungen.

Die Lebensenergie fließt über das erste Chakra in unseren Körper ein und versorgt alle übrigen Chakras mit dieser Energie. Ein blockiertes Wurzelchakra führt beispielsweise zu Kraftlosigkeit, Darmstörungen und Unzufriedenheit.

Charakteristische Steine: Granat, Hämatit, Rubin.

Das zweite Chakra: Sakral- oder Bauchchakra

Das Bauchchakra liegt unterhalb des Bauchnabels. Es wird der Farbe *orange* zugeordnet und steht in Beziehung zu den Fortpflanzungsorganen, der Blase, den Nieren und der Lymphe. Die starke Verbindung dieses Chakras mit den Ausscheidungsfunktionen des Körpers bedeutet, daß hier starke Reinigungs- und Entgiftungsprozesse stattfinden. Es beeinflußt das Verhältnis der Geschlechter untereinander und verleiht der triebhaften Sexualkraft eine erfüllende Erlebnisfähigkeit. Ausdauer, Durchhaltevermögen, Kreativität und Lebensfreude sind Ausdruck eines harmonisch funktionierenden zweiten Chakras.
Ein blockiertes Sakralchakra kann Schlafstörungen, Darmstörungen und Unterleibsbeschwerden verursachen.
Charakteristische Steine: Karneol, Mondstein.

Das dritte Chakra: Sonnengeflecht oder Solarplexus

Das Sonnengeflecht liegt im Oberbauch unterhalb des Brustbeines. Es versorgt das vegetative Nervensystem mit Energie und hat eine stärkende Wirkung auf die Bauchspeicheldrüse, Leber, Milz, Gallenblase, Nieren und den Magen. Seine Farbschwingung ist *gelb* bis *goldgelb*. Ein harmonisches drittes Chakra äußert sich in Ausgeglichenheit, Durchsetzungskraft, Persönlichkeit, Freude und einer optimalen Nahrungsverwertung über die Verdauungsorgane. Hier finden sogenannte *Individualisierungsprozesse* statt. Es kommt zur Persönlichkeitsfindung, die beinhaltet, daß eigene Vorstellungen und Wünsche durchgesetzt werden. Dazu ist es notwendig, Beziehungen zu unseren Mitmenschen und zu unserer Umwelt herzustellen. Es müssen eigene Gefühle wie Zuneigung, Abneigung usw. zum Ausdruck gebracht werden. Häufig werden Gefühle der Verletzbarkeit und der Enttäuschung in diesem Bereich wahrgenommen. Unterdrückte Gefühle und Enttäuschungen äußern sich oft in Gereiztheit und in einem Druckgefühl im Magen.
Charakteristische Steine: Bernstein, Citrin, Tigerauge.

Das vierte Chakra: Herzchakra

Das Herzchakra liegt im Brustbereich zwischen den beiden Brustwarzen und hat eine *rosa* und *grüne* Farbschwingung. Es steht im Mittelpunkt aller Chakras und stellt eine Verbindung zwischen den unteren drei Chakras, die mehr auf der körperlichen Ebene arbeiten und den drei darüberliegenden Chakras her, die auf der geistig- seelischen Ebene wirken. Das heißt, es verbindet Körper, Geist und Seele und ermöglicht uns den Zugang zu höheren Bewußtseinsebenen.
Das Herzchakra steuert den Blutkreislauf, kontrolliert die Thymusdrüse und versorgt Herz und Lunge mit Energie. Es ist das Zentrum der Gefühlsverarbeitung und der grenzenlosen Liebe. Diese Liebe wird nicht durch unser Denken und Wollen beeinflußt, sondern ist ohne jegliche Absicht - allumfassend und göttlich.
Ein blockiertes Herzchakra kann beispielsweise Herzerkrankungen, Gefühllosigkeit, Resignation und Hartherzigkeit hervorrufen.
Charakteristische Steine: *rosa:* Rhodanit, Rosenquarz.
grün: Malachit, Peridot, Smaragd.

Das fünfte Chakra: Hals- und Kehlchakra

Das Halschakra liegt in der Halsgrube am Kehlkopf und hat eine *hellblaue* Grundschwingung. Dieses Chakra ist das Zentrum unserer Sprache und ermöglicht uns, Gedanken und Gefühle zu verbalisieren, um so über das gesprochene Wort mit unserer Umwelt in Kontakt zu treten. Auch Gestik, Tanz, Bewegung und die Art und Weise wie wir sprechen und was wir sagen, wird über das Halschakra gesteuert.
Das fünfte Chakra versorgt die Schilddrüse, die Stimmbänder sowie die Luft- und Speiseröhre mit Energie, wobei die Schilddrüse für die Steuerung unseres Stoffwechsels verantwortlich ist. Von ihrer Funktion sind Gemütszustände, wie z.B. Trauer, Fröhlichkeit, Nervosität, Abgespanntheit und Unternehmungsdrang abhängig. Ein ausgeglichenes Kehlchakra kann Krankheiten im Hals- und Bronchienbereich lindern und wirkt bis hin zum Herzen. Es befindet sich an der Stelle, wo sich der Körper am meisten verengt und schafft die Verbindung zwischen den darunterliegenden Chakras mit den Kopfzentren.
Charakteristische Steine: Aquamarin, Chalzedon, Chrysokoll, Pyrit.

Das sechste Chakra: Stirnchakra oder drittes Auge

Das sechste Chakra liegt über der Nasenwurzel in der Mitte der Stirn und versorgt die Hypophyse mit kosmischer Energie. Sie ist das Hauptzentrum unseres Drüsensystems und reguliert das Zusammenspiel aller Drüsen untereinander. Die Grundfarbschwingung ist *indigo*. Das Stirnchakra versorgt die Augen, die Ohren, die Stirn- und Nebenhöhlen, das Kleinhirn und die Hypophyse mit Energie. Es ist verantwortlich für alle Bewußtwerdungsprozesse und öffnet uns den Weg zu höheren Seinsebenen. Ein geöffnetes Stirnchakra sensibilisiert uns für übersinnliche Wahrnehmungen, Hellsichtigkeit, geistiges Heilen und läßt uns jahrtausendealte naturgegebene Gesetzmäßigkeiten erkennen und verstehen.
Ein blockiertes sechstes Chakra bewirkt hingegen Kopflastigkeit und eine allzu rationale Denkweise.
Charakteristische Steine: Azurit, Falkenauge, Lapislazuli, bl. Saphir.

Das siebte Chakra: Scheitel- oder Kronenchakra

Das Scheitelchakra befindet sich am höchsten Punkt oben auf dem Scheitel. Seine Grundfarbe ist *violett*. Die Energieversorgung findet über die Zirbeldrüse statt, die u.a. für Wachstum und Geschlechtsreife verantwortlich ist. Erkenntnisse, die über das fünfte Chakra gewonnen wurden, gelangen hier zur Vollendung.
Ein geöffnetes Scheitelchakra ist die Voraussetzung für die Erfahrung des kosmischen Bewußtseins, in dem alle scheinbaren Gegensätze als unterschiedliche Aspekte des einen universellen Prinzips verstanden werden. Das Öffnen des Scheitelchakras signalisiert auch, daß alle anderen Chakras geöffnet sind, sich untereinander in Harmonie befinden und die Energie frei fließen kann.
Ein blockiertes Scheitelchakra bewirkt einen Energiestau, der über Kopflastigkeit zu Kopfschmerzen bis hin zu Migräne führen kann.
Charakteristische Steine: Amethyst, Fluorit.

Die Mineralgruppen

Mineralien, die untereinander verwandt sind, gleiche oder ähnliche kristalline Eigenschaften haben, werden in einer übergeordneten Gruppe zusammengefaßt und als *Mineralgruppe* bezeichnet. Die Farbgebung bleibt davon jedoch unberührt, denn sie wird meist durch unterschiedliche Spurenelemente hervorgerufen. Die Mineralgruppen werden beispielsweise unterschieden in:

Korundgruppe: Diese Mineralgruppe besteht aus Aluminiumoxiden und hat ein *trigonales* Kristallsystem.

Quarzgruppe: Diese Mineralgruppe besteht aus Kieselsäure und hat ein *trigonales* Kristallsystem.

Beryllgruppe: Diese Mineralgruppe besteht aus Beryllium-Tonerdesilikat und hat ein *hexagonales* Kristallsystem.

Zirkongruppe: Diese Mineralgruppe besteht aus Zirkonerdesilikat und hat ein *tetragonales* Kristallsystem.

Chalzedongruppe: Diese Mineralgruppe besteht aus Kieselsäure und hat ein *trigonales* Kristallsystem.

Spinellgruppe: Diese Mineralgruppe besteht aus Magnesiumaluminat und hat ein *kubisches* Kristallsystem.

Die Farben
Die Beziehung der Farben zu den Chakras
Wie schon im vorhergehenden Kapitel über die Chakras erwähnt, wirken die Farben durch Zerlegung des weißen Lichtes in die sieben Regenbogenfarben über die Chakras auf unseren Körper ein. Jede Farbe hat eine ganz bestimmte Eigenschaft und wird verschiedenen Körperbereichen zugeordnet.
Die Energiezentren tragen daher ihre Informationen in Farbschwingungen. Edelsteine besitzen die gleiche Schwingungsfrequenz wie sie und können unseren Körper dadurch heilend beeinflussen. Kennen wir die Wirkung der Farben und die Zuordnung zu den entsprechenden Chakras, können wir - ohne den Stein zu kennen - Aussagen über deren Grundwirkungsweise machen. Dieses Wissen kann sehr hilfreich sein, um aus dem breiten Spektrum der angebotenen Edelsteine für uns den richtigen herauszufinden.

Rot - die Farbe des Feuers
Rot ist die Farbe des Feuers. Sie wirkt auch auf unseren Körper erwärmend, löst Verspannungen und fördert das körperliche Wachstum. Rot ist die Farbe der Lebensenergie, der Aktivität und Vitalität. Sie weckt Sinnlichkeit, stärkt die Fortpflanzungsorgane und steigert die Sexualkraft. Ihre Farbschwingung wirkt vor allem auf den Blutkreislauf und hilft bei Eisenmangelerscheinungen.
Die anregende Wirkung der Farbe Rot stärkt das Selbstvertrauen, gibt Mut und weckt unsere schöpferischen Kräfte. Es ist die Farbe der Menschen, die wenig eigene Antriebskraft besitzen und zu Lethargie neigen.
Ungeduldige Menschen mit leicht aufbrausendem Temperament sollten diese Farbe hingegen eher mit Vorsicht *genießen*, denn Rot ist auch die Farbe des Zornes und kann bei temperamentvollen Menschen Unruhe und Agressivität bewirken.
Rotschwingende Steine: Granat, Hämatit, Heliotrop, Rubin.

Orange - die Farbe der Freude

Orange ist eine sehr warme Farbe, die uns Lebensfreude schenkt und von Ängsten und Depressionen befreit. Sie aktiviert das Drüsensystem und hat eine sehr starke Beziehung zu unseren Verdauungsorganen insbesondere der Leber und Milz.

Orange aktiviert Ausscheidungs- und Entgiftungsprozesse, stabilisiert das Immunsystem und regt die Selbstheilungskräfte an. Darüber hinaus hat diese Farbe eine stark belebende Wirkung auf unsere Sexualorgane und fördert die Fruchtbarkeit. Durch das Tragen von orangefarbenen Steinen können Konflikte in unseren zwischenmenschlichen Beziehungen oft in einem objektiveren Licht betrachtet und schneller gelöst werden.

Orangeschwingende Steine: Karneol, Mondstein.

Gelb - die Farbe der Sonne

Gelb ist die Farbe der Sonne und des Mondes. Es ist eine Farbe der Kraft und Wärme, die uns mit Licht und Hoffnung erfüllt. Sie wirkt beruhigend und ausgleichend auf das Sonnengeflecht, das Oberhaupt des zentralen Nervensystems.

Durch das Tragen gelber Steine lösen sich im psychischen Bereich Blockaden auf, die oft Ursache von Depressionen, Melancholie und Trauer sind. Auf der körperlichen Ebene werden durch gelbfarbene Steine Entgiftungsvorgänge der Leber, der Blase und der Nieren gefördert. Die Farbe Gelb kann auch Zuckerkrankheit positiv beeinflussen.

Im geistigen Bereich wird die Konzentrationsfähigkeit erhöht und die Klarheit im Denken gefördert, wodurch es uns gelingt, verdrängte Probleme zu erkennen und zu verarbeiten.

Gelbschwingende Steine: Bernstein, Citrin, Goldtopas, Tigerauge.

Die Farben

Grün - die Farbe des Friedens
Grün ist die Farbe des Seelenfriedens, der Liebe und Harmonie. Sie hat eine stark ausgleichende und aufbauende Wirkung auf unser Nervenzentrum. Hauptbezugspunkt ist das Herz. Herzbeschwerden, Kreislaufprobleme und Blutkrankheiten werden gelindert. Darüber hinaus beeinflußt die grüne Farbschwingung Nieren, Blase, weibliche Organe und Krebs heilsam. Sie läßt Probleme erkennen, wodurch bestimmte Verhaltensweisen geändert und Blockaden gelöst werden. Grün lehrt uns die Liebe zu uns selbst und zu unseren Mitmenschen. Es ist die Farbe der Natur und symbolisiert Wachstum, Regeneration und Beständigkeit.
Grünschwingende Steine: Aventurin, Jade, Malachit, Peridot, Smaragd

Rosa - die Farbe der Sanftmut
Rosa ist die Farbe des Herzens, der Sanftmut und zarten Liebesgefühle. Verhärtungen, Groll und Enttäuschungen werden noch einmal erlebbar gemacht und können so aufgearbeitet werden. Die rosa Farbschwingung erleichtert uns Gefühle zu verbalisieren, unser Herz zu öffnen und lehrt uns die Kunst des Gebens und Verzeihens.
Rosaschwingende Steine: Kunzit, Rhodochrosit, Rhodonit, Rosenquarz.

Blau - die Farbe des Friedens
Blau ist eine eher kühle Farbe mit einer ruhigen friedvollen Ausstrahlung. Sie wirkt blutstillend, desinfizierend, antiseptisch und schmerzstillend, senkt den Blutdruck, bringt wohltuenden Schlaf und kann hitzige Gemüter beruhigen. Blau hat eine starke Beziehung auf den Halsbereich, bei Mandelentzündungen, Kehlkopfkatarrhen und hemmt Schilddrüsenerkrankungen in ihrem Wachsen. Auf "heiße" Körperzustände, wie Fieber, Abzesse, eitrige Wunden und Ausschläge hat sie eine kühlende, beruhigende Wirkung. Blau ist die Farbe der Ruhe und des Friedens, der Kommunikation und bringt unser Denken und Fühlen in Einklang.
Blauschwingende Steine: Aquamarin, Chalzedon, Türkis, bl. Turmalin.

Indigo - die Farbe der Sinne
Indigo wirkt vor allem auf unsere Sinnesorgane und hilft bei Erkrankungen der Augen, Ohren, Nasennebenhöhlen, Kopfschmerzen und Migräne. Es hat eine ähnliche Wirkung wie das Blau, insbesondere bei Erschöpfungszuständen und Nervosität. Geisteskrankheiten, Hysterie, Melancholie, Epilepsie werden deutlich abgeschwächt. Indigo erleichtert den Zugang zu spirituellem Wissen und stärkt unsere inneren und äußeren Wahrnehmungen.
Indigoschwingende Farben: Azurit, Falkenauge, Lapislazuli, Sodalith.

Violett - die Farbe der Spiritualität
Violett ist die Farbe der Spiritualität, der Harmonie und des Friedens. Sie fördert die schöpferischen Kräfte, hilft bei Kopfschmerzen, ist milzbildend und lymphanregend.
Violettschwingende Farben: Amethyst, Fluorit.

Weiß - die Farbe des Mondes
Weiß, die Farbe des Mondes, beinhaltet alle Farben des Spektrums und wirkt auf alle Körperbereiche. Weiße Steine steigern die Aktivität und Vitalität und haben einen starken Einfluß auf die geistige Ebene.
Weißschwingende Farben: weißer Chalzedon, weißer Opal.

Schwarz - die Farbe des Materiellen
Schwarze Steine wirken - als Gegenpol zu weißen - mehr auf der materiellen Ebene. Sie verstärken das abstrakte Denken, verleihen Ausdauer und Selbstbeherrschung
Schwarzschwingende Farben: Onyx, schwarzer Turmalin.

Die Härtegrade

Alle Mineralien besitzen eine unterschiedliche Härte. Sie ist einerseits wichtig für die Beständigkeit der Steine gegen äußere Einflüsse und dient andererseits als Bestimmungsmerkmal für Schmuck- und Edelsteine. Schmucksteine müssen eine Härte von 5-6 haben, um verarbeitet werden zu können, Edelsteine eine Härte von mindestens 7 besitzen, um äußeren Einwirkungen standzuhalten. Sogar Staubkörnchen, die vorwiegend aus Quarzteilchen bestehen, besitzen eine Härte von 7,5.

Für die Bestimmung der Mineralien hat der bekannte Wiener Mineraloge Friedrich Mohs zehn verschieden harte Vergleichsmineralien ausgewählt und gab ihnen in der Reihenfolge zunehmender Härte die Einteilung 1-10. Durch die vergleichende Anwendung der Mohs'schen Härteskala läßt sich die Härte (Mohshärte) eines jeden Minerals bestimmen. Die Ritzhärte 1 und 2 gilt als weich, 3 bis 6 als mittelhart und ab 7 als hart. Die Mohshärte 8 bis 10 bezeichnet man als Edelsteinhärte.

Härte	Vergleichsmaterial	Härteprüfung
1	Talk	mit Fingernagel schabbar
2	Gips	mit Fingernagel ritzbar
3	Kalkspat (Calcit)	mit Kupfermünze ritzbar
4	Flußspat (Fluorit)	mit Taschenmesser leicht ritzbar
5	Apatit	mit Taschenmesser noch ritzbar
6	Feldspat (Mondstein)	mit Stahlfeile ritzbar
7	Quarz	ritzt Fensterglas
8	Topas	ritzt Quarz leicht
9	Korund	ritzt Topas leicht
10	Diamant	nicht ritzbar

Das spezifische Gewicht

Das spezifische Gewicht ist identisch mit der Dichte und gibt an, um wieviel der Stoff schwerer ist als das gleiche Volumen Wasser. Ein Mineral mit dem spezifischen Gewicht 2,6 (Quarz) ist also 2,6 mal so schwer wie das gleiche Volumen Wasser.

Das spezifische Gewicht der in diesem Lexikon behandelten Mineralien schwankt zwischen 1 und 5. Werte unter 2 werden als *leicht* eingestuft, solche von 2 bis 4 als *normal*. Alles, was über 4 liegt, wird als schwer bezeichnet. Die Dichte ist für die Bestimmung wertvollerer Edelsteine von Bedeutung, weil sie über den gesteinsbildenden Mineralien liegt.

Die Lichtbrechung

Unter Lichtbrechung versteht man die beim Eindringen eines Lichtstrahls in einen Stein verursachte Ablenkung vom Einfallswinkel. Die Größe der Ablenkung wird durch den Brechungsindex ausgedrückt. Er gibt das Verhältnis der Lichtgeschwindigkeit in der Luft zur Lichtgeschwindigkeit im Stein an. Diese unterschiedliche Lichtgeschwindigkeit ist die Ursache für die abweichende Lichtbrechung in den einzelnen Steinen. Dringt ein Lichtstrahl in ein optisch dünneres Medium mit hoher Lichtgeschwindigkeit oder in ein optisch dichteres Medium mit niedrigerer Lichtgeschwindigkeit ein, wird ein Teil des Lichtes reflektiert, während der restliche Lichtstrahl in den Stein eindringt und gebrochen wird. Die Stärke der Lichtbrechung ist also abhängig von der Lichtdurchlässigkeit der einzelnen Steine. Sie tritt bei allen Kristallen, den meisten Schmuck- und Edelsteinen auf und dient als wichtiges Bestimmungsmerkmal.

Die Bedeutung der Kristallformen:
Die meisten Kristalle sind kristallin, und bilden typische Kristallformen aus, die offensichtlich nach einer immer wiederkehrenden Musterform erfolgt. Sie lassen sich in sieben Kristallsysteme eingliedern. Unterscheidungsmerkmale sind ihre Kristallachsen und die Winkel unter denen sie sich schneiden.

Interessant ist in diesem Zusammenhang, daß sich Steine mit gleicher Kristallstruktur in einigen wesentlichen Aspekten ähneln.

1. Das Reguläre oder Kubische System.
Beim kubischen System sind alle drei Achsen gleich lang und stehen senkrecht aufeinander. Hierzu zählen: Würfel, Oktaeder, Rhombendodekaeder, Pentagondodekaeder, Ikositetraeder und Hexakisotraeder. Dieses System verkörpert vor der Verstofflichung die irdischste Form überhaupt und steht für Materie. Der rechte Winkel ist Ausdruck von Härte, die Form drückt Selbstsucht und Herrschsucht aus.

2. Das Tetragonale System
Beim tetragonalen System stehen alle drei Achsen senkrecht aufeinander. Davon sind zwei Achsen gleich lang und liegen in einer Ebene, die dritte Hauptachse ist entweder länger oder kürzer. Hierzu zählen vierseitige Prismen, Pyramiden, Trapezoeder, achtseitige Pyramiden und Doppelpyramiden. Dieses System steht in Verbindung mit dem Herzzentrum, ist dem rosa Farbstrahl zugeordnet und hat eine ausgleichende Kraft. Dies äußert sich darin, daß die Kristalle sowohl positive als auch negative Energien aus der Erde aufnehmen, die negativen Energien jedoch in positive Schwingungen umwandeln. In dieser Form stehen die geistigen Kräfte über der Materie.

3. Das Hexagonale System
Beim hexagonalen System befinden sich drei von vier Achsen in einer Ebene, sind gleichlang und schneiden sich in einem Winkel von 120°.

Die vierte Achse steht senkrecht zu ihnen. Ihr Querschnitt ist sechseckig. Zugehörige Formen sind: sechsseitige Prismen, Pyramiden, zwölfseitige Pyramiden und Doppelpyramiden.

Das hexagonale System steht in Verbindung mit dem Solarplexus. Es symbolisiert Frieden, Harmonie und Ausgeglichenheit. Es beinhaltet eine stoffliche und materielle Komponente und hat gebenden Charakter.

4. Das Trigonale System

Beim trigonalen System liegen drei von vier Achsen in einer Ebene, sind gleichlang und schneiden sich in einem Winkel von 120°. Die vierte Achse steht senkrecht dazu. Ihr Querschnitt ist dreieckig. Hierzu zählen: Dreiseitige Prismen Pyramiden. Diese Kristallstruktur gibt Energie ab, nimmt aber keine Energie auf. Sie befindet sich in fortwährender Bewegung und lädt sich dadurch ständig neu auf. Bei dieser Kristallform besteht eine Verbindung mit dem Wurzelchakra.

5. Das Rhombische System

Beim rhombischen System haben die Kristalle drei verschieden lange Achsen und stehen senkrecht zueinander. Zugehörige Formen sind Pyramiden und rhombische Doppelpyramiden.

Diese Kristalle haben die Fähigkeit Energiestrukturen zu umschließen und so lange ruhen zu lassen, bis sie verarbeitet werden können. Sie können dort unangetastet von äußeren Einflüssen abgeschirmt werden. Das rhombische System steht in Verbindung mit dem Halschakra, verleiht dem Menschen die Fähigkeit etwas anzunehmen oder abzulehnen und stärkt die Durchsetzungskraft.

6. Das Monokline System

Beim monoklinen System haben die Kristalle drei verschieden lange Achsen, von denen zwei senkrecht zueinander stehen und die dritte Achse schief zu den beiden anderen. Hierzu zählen die Basispinakoide und

Prismen mit geneigten Endflächen. Bei dieser Kristallform finden Wachstumsprozesse statt. Sie befinden sich in einem ständigen Prozess des Ausdehnens und wieder Zusammenziehens. Diese Gruppe von Kristallen ist für das spirituelle Wachstum des Menschen von starker Bedeutung und steht in Verbindung mit dem Stirnchakra.

7. Das trikline System
Beim triklinen System haben die Kristalle drei ungleiche Achsen, die gegeneinander geneigt sind. Typische Kristallformen sind Flächenpaare, die sich eigenständig bilden und voneinander unabhängig sind. Ihre Struktur wirkt vollkommen. Die einströmende Energie sammelt sich im Zentrum, wird aber in keinster Weise verändert. Diese Form entspricht dem Scheitelchakra des Menschen, der höchsten Stufe menschlichen Seins.

Die Durchsichtigkeit
Schmuck- oder Edelsteine können durchsichtig, durchscheinend, also bedingt lichtdurchlässig, oder undurchlässig sein. Je mehr Lichtstrahlen durch den Stein hindurchgehen, desto durchsichtiger ist er. In hauchdünnen Schichten ist jedoch fast jeder Stein mindestens durchscheinend. Je größer seine Dichte ist, desto geringer ist auch seine Lichtdurchlässigkeit und umgekehrt.

Die chemische Zusammensetzung
Die mineralische Zusammensetzung jedes Edelsteins, kann durch eine chemische Formel ausgedrückt werden und ist für den, der Vorkenntnisse besitzt auf einen Blick erkennbar. Spurenelemente, die oft Farbveränderungen hervorrufen können, bleiben davon unberücksichtigt.
Jedes Mineral hat wie die Farben eine ganz spezifische Wirkung und fördert bestimmte Heilungsprozesse. Um die Heil- und Wirkungsweise der Edelsteine besser verstehen zu können, sind hier die Eigenschaften der am häufigsten vorkommenden Minerale kurz aufgeführt.

Chemische Zusammensetzung

1. Kieselsäure
Sie ist Hauptbestandteil der meisten Mineralien und ist auch unter dem lateinischen Namen Silicea bekannt. Sie wirkt nervenstärkend, fördert das Abstoßen von Fremdkörpern aus dem Gewebe, sowie den Reinigungsprozeß bei Eiterungen, kräftigt die Wirbelsäule, hilft bei Kopfschmerzen , Epilepsie und Schwächezuständen.

2. Magnesium
Magnesium lindert krampfartige Koliken, Nervenschmerzen, nervöses Herzklopfen, Enge des Herzens, Leberbeschwerden, Migräne und Übererregbarkeit.

3. Aluminium
Aluminium ist angezeigt bei mageren fröstelnden Menschen, die die Tendenz haben, vorzeitig zu altern und deren Haut zu Austrocknung neigt. Weiterhin hilft es bei Schwindel, Verstopfung, Magenbeschwerden und Schleimhautkatarrhen.

4. Mangan
Mangan ist hilfreich bei Eisenmangelerkrankungen, die sich durch Gaben von Eisenpräparaten nicht bessern. Ferner bei Gelbsucht, Leberbeschwerden, Wachstumsschmerzen, Entzündungen der Knochen und Gelenke, Schleimhauterkrankungen der Luftwege, Parkinson'scher Krankheit und Multiple Sklerose.

5. Eisen
Eisen ist geeignet bei Fieberaufkommen, zu Beginn von Erkältungskrankheiten, für junge, schwächliche Personen, die zu Eisenmangel neigen und meist unter kalten Händen und Füssen leiden.

6. Kupfer
Kupfer hilft bei Husten, Asthma, Magen- und Darmkoliken, Leberbeschwerden.

7. Kalk
Kalk hilft bei mangelndem Wachstum, rachitischen Symptomen, Milchschorf, chronischer Bronchitis.

Hauptvorkommen

Das Vorkommen der Edelsteine ist recht unterschiedlich. Sie sind über die ganze Erde verteilt, wobei sie in einigen Regionen stärker vorkommen als in anderen. In Deutschland liegen die Hauptvorkommen in den Alpen und in Idar Oberstein.

Die meisten Edelsteine kommen jedoch aus Asien, Indien, Burma, Sri Lanka, Thailand und Rußland.

Die aus diesen Regionen stammenden Edelsteine sind beispielsweise Diamanten, Rubine, Saphire, Smaragde, Spinelle, Aquamarine, Amethyste, Topase und Mondsteine.

Aus Nordamerika stammen Saphire, Rhodonite, und Türkise. Hauptabbaugebiet für Jade und Türkise ist China.

Brasilien ist Hauptlieferant für Diamanten, Aquamarine, Turmaline, Berylle, Topase und Amethysten.

Der Umgang mit den Edelsteinen

Die Auswahl der Heilsteine

Die Auswahl der Heilsteine kann nach verschiedenen Kriterien erfolgen. Wir können sie entweder ganz gezielt nach der ihnen zugesprochenen Heilwirkung aussuchen, oder wir lassen uns von unserer Intuition leiten. Besitzen wir schon eine Reihe von Edelsteinen, breiten wir diese auf einem Tuch oder Teppich vor uns aus und versuchen, uns zu sammeln. Anschließend sollten wir uns den Steinen gegenüber öffnen, unser inneres Anliegen still formulieren und den Stein auswählen, der die größte Anziehungskraft auf uns hat. Wir können aber auch die Augen schließen und versuchen, die unterschiedlichen Kräfte der Heilsteine zu spüren, indem wir unsere Hände in geringem Abstand über sie bewegen. Wenn wir einen Stein kaufen wollen, sollten wir den bevorzugen, der zuerst unsere Aufmerksamkeit auf sich gezogen hat.

Für den Anfänger ist es nicht unerheblich, für welche Steinform er sich entscheidet. Kristalle in unbearbeiteter Form, Obeliske und Pyramiden nehmen die Energie über die "Stehfläche" auf und geben sie über die Spitze wieder ab. Eine solche Heilbehandlung setzt viel Erfahrung voraus, um sicher zu sein, daß die Energie, die dem Körper zugeführt oder entnommen wird, positiver oder negativer Natur für uns ist.

Bei den sogenannten Trommelsteinen, die sich durch Drehen in einer Trommel gegenseitig abschleifen, Kugelsteinen und Handschmeichlern wird durch Berührung ein Energiekreislauf zwischen uns und dem Stein hergestellt. Hier wird die Energie des Steines vom Körper aufgenommen und in umgewandelter Form wieder an den Stein abgegeben. Auch sollten wir darauf achten, daß der Stein einen natürlichen Glanz besitzt, also von innen heraus strahlt und möglichst klare Farben hat. Die Größe des Steines bedeutet nicht unbedingt, daß er mehr Heilkraft besitzt. Ein kleinerer Stein hat oft die gleichen Fähigkeiten.

Auch sollten wir uns erst einmal mit der Energie der Edelsteine vertraut machen, ehe wir uns an wirklich große Edelsteine heranwagen. Sie können, wenn sie sich beispielsweise in unserem Zimmer befinden, auch Störungen unseres Wohlbefindens verursachen.

Das Ritual der Reinigung

Heilsteine besitzen die Fähigkeit positive und negative Energien anzuziehen und zu speichern. Da die Steine je nach ihrer Vergangenheit mehr oder weniger mit negativen Schwingungen behaftet sind, ist es wichtig, sie zu reinigen. Dazu können wir den Heilstein etwa eine 1/2 Stunde unter fließendes Wasser legen. Wird der Stein vorher mit etwas Meersalz abgerieben, ist die Reinigung intensiver. Steine können jedoch auch durch die Erdenergie aufgeladen werden, indem sie über Nacht in der Erde vergraben werden. Dadurch wird die Negativität an die Erde abgegeben. Wichtig ist, daß wir die Reinigung bewußt vollziehen, uns vorstellen, wie alles Dunkle, Negative von ihm abgespült oder an die Erde zurückgegeben wird. Anschließend sollte der Stein an der Luft, wenn möglich unter Sonneneinstrahlung getrocknet werden. Eine solche Reinigung sollte vor jeder Heilbehandlung durchgeführt werden.

Das Aufladen von Steinen

Haben wir den Stein von allen negativen Energien befreit, ist es wichtig ihn wieder neu aufzuladen. Dazu können wir ihn beispielsweise einen Tag oder eine Nacht, mindestens jedoch zwei Stunden, dem Sonnen- oder Mondlicht aussetzen. Bevor der Heilstein getragen oder aufgelegt wird, ist es wichtig, eine Beziehung zu ihm herzustellen. Dazu sollten wir einen Augenblick der inneren Ruhe wählen und den Stein in den geöffneten Händen halten. Dies geschieht am einfachsten, indem wir für einen Moment die Augen schließen und auf unseren Wunsch oder unser Anliegen konzentrieren.

Die Heilststeine besitzen die Fähigkeit, negative und positive Energien zu speichern und abzugeben. Auch unsere Gedanken sind Schwingungen, die wir an den Stein weitergeben. Sie werden gespeichert und durch das Tragen oder Auflegen wieder abgegeben. In diesem Zusammenhang sei erwähnt, daß Erzählungen von sogenannten *Glücks-* und *Unglückssteinen* hier ihren Ursprung haben.

DIE EDELSTEINE

Achat

Chakra:	Kehl, Herz, Solarplexus
Mineralgruppe:	Quarz
Farbe:	verschiedenfarbig gestreift
Härtegrad:	6,5-7
Spez. Gewicht:	2,6-2,65
Lichtbrechung:	1,54-1,55
Kristallsystem:	trigonal
Durchsichtigkeit:	halbdurchsichtig, undurchsichtig
Chemische Zusammensetzung:	SiO_2 Kieselsäure
Hauptvorkommen:	Brasilien, Uruguay, Madagaskar

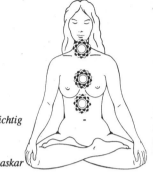

Historie

Der Achat wurde zum ersten Mal in einem kleinen sizilianischen Fluß namens *Achates* gefunden und erhielt so seinen Namen. Äußerlich sieht er aus wie ein Geröllstein. Wird er jedoch in der Mitte durchgetrennt, kommen die unterschiedlichsten Farben und Zeichnungen zum Vorschein. Diese mannigfaltigen Erscheinungsbilder gaben ihm so unterschiedliche Bezeichnungen, wie Augenachat, Kreisachat, Landschaftsachat, Sternachat, Wolkenachat usw. Achate sind dadurch entstanden, daß Kieselsäure in sogenannte Gesteinsblasen eindrang, dort lagenweise von außen nach innen auskristallisierte. Diese verschiedenen Lagen geben dem Achat ein gebändertes Aussehen. Die Achatfarben können sehr vielfältig sein; häufig finden wir orangefarbene, braunrote und gelbliche Farbtöne. Manchmal befinden sich im Innern grobe Bergkristallmassen, die eine Amethystfarbe haben können. Viele Achate haben jedoch ein unscheinbares graues Aussehen. Sie erhalten ihre "Schönheit" erst durch künstliches Färben, das schon zu Zeiten der Römer bekannt war. Sie zerschnitten den Achat in kleinere Stücke, tränkten ihn mehrere Tage in einer erhitzten Zucker- oder Honiglösung und tauchten ihn anschließend in erwärmte Schwefelsäure. Durch das Verkohlen des Zuckers entstand die schwarze Farbe. Die einzelnen Lagen nahmen die Farbe unterschiedlich auf, so daß das gebänderte Aussehen erhalten blieb.

Körperliche Heilwirkung
bei Magenbeschwerden, Menstruationsbeschwerden, Krämpfen, Fieber, Augenleiden, Epilepsie und Trunksucht. Achat unterstützt eine gesunde Schwangerschaft und erleichtert die Geburt. Er hilft bei Schlangenbissen, Skorpionstichen, Insektenstichen und Zeckenbissen.

Psychische Heilwirkung
stärkt das Selbstbewußtsein, steigert die Vitalität, schwächt Wahnvorstellungen und hilft bei Mondsucht.

Anwendung und Wirkungsweise
So unterschiedlich wie die Farben sind auch die Wirkungsweisen der Achate. Bilderachate sind meist bräunlich und eignen sich bei Epilepsie und Sehstörungen. Es empfiehlt sich, den Stein als Anhänger um den Hals zu tragen. Feuerachate sind leuchtend grün, blau, orange oder erdfarben. Sie helfen uns, das innere Gleichgewicht wiederzufinden und unterstützen das spirituelle Wachstum.

Achate haben aber auch die Eigenschaft, auf Solarplexus, Herz- und Kehlchakra gleichzeitig zu wirken und Blockaden in diesem Bereich zu lösen. Aufgrund seiner giftabsorbierenden Eigenschaft wird der leicht erwärmte Stein bei Insektenstichen, Zeckenbissen, Schlangenbissen und Skorpionstichen auf die entsprechenden Körperstellen aufgelegt. Anschließend sollte ein Umschlag mit Achatwasser aufgelegt werden. Dazu übergießt man den Stein in einem Gefäß mit sehr heißem, aber nicht mehr kochendem Wasser, und tränkt nach dem Erkalten ein Tuch darin. Bei Schmerzen und Krämpfen im Magenbereich oder Übelkeit ist es gut, den Stein auf die betreffenden Körperbereiche aufzulegen. Achat fördert die Selbstheilungskräfte, stärkt die Fortpflanzungsorgane und wird werdenden Müttern wegen der zellerneuernden Eigenschaften zum Tragen empfohlen. Bei psychischen Belastungen empfiehlt sich das Tragen des Steines mit Hautkontakt.

Amazonit

Chakra:	Herz
Mineralgruppe:	Quarz
Farbe:	grün -grünblau
Härtegrad:	6 -6,5
Spez. Gewicht:	2,60 -2,64
Lichtbrechung:	1,52 - 1,53
Kristallsystem:	triklin
Durchsichtigkeit:	undurchsichtig
Chemische Zusammensetzung:	$K\,(Al\,Si_3O_8)$ Kalitonerdesilikat
Hauptvorkommen:	USA, Madagaskar, Indien

Historie

Der Amazonit ist ein starker Heilstein, der schon früh zu den heiligen Steinen der Ägypter gehörte. Er wurde als Amulett vor allem gegen Schlangenbisse und Krankheiten um den Hals getragen.

Die Herkunft des Namens ist leider ungeklärt. Doch ist es wahrscheinlich, daß sein Name den indianischen Amazonen gewidmet ist, da er, wie es heißt, in dem Land der Indianer gefunden wurde, wo die Frauen alleine ohne Männer lebten. Ansonsten kann sein Name nur durch eine Verwechslung des Fundortes zustandegekommen sein, weil er noch nie in der Gegend des großen Amazonenstromes gefunden wurde. Seine Farbe beruht auf einem Anteil an Kupfer.

Körperliche Heilwirkung

beruhigend, krampflösend, bei Verspannungen im Wirbelsäulenbereich, herzstärkend bei streßbedingten Verspannungen und Herzschmerzen.

Psychische Heilwirkung

löst emotionale Verspannungen, stärkt die Persönlichkeit.

Anwendung und Wirkungsweise
Wer unter Ruhelosigkeit leidet, kann sich den Amazonit nachts unter das Kopfkissen legen und erfährt eine wohltuende und entspannende Wirkung.

Bei Verspannungen im Nacken und Rückenbereich schafft das sanfte Massieren der betroffenen Stellen wohltuende Erleichterung.

Bei streßbedingten Herzstörungen sollte er an einer längeren Kette kurz über dem Herzen getragen werden. Tagsüber kann er uns aber auch helfen, Streßsituationen zu meistern und unsere Ausdruckskraft zu stärken, indem wir ihn als Schmeichelstein in der Tasche tragen und je nach Bedürfnis berühren oder hervorholen.

Amethyst

Chakra:	Scheitel
Mineralgruppe:	Quarz
Farbe:	blaß - rotviolett
Härtegrad:	7
Spez. Gewicht:	2,65
Lichtbrechung:	1,54 -1,55
Kristallsystem:	trigonal
Durchsichtigkeit:	durchsichtig
Chemische Zusammensetzung:	SiO_2 Kieselsäure
Hauptvorkommen:	Brasilien, Uruguay, Ural, Südwestafrika, Madagaskar

Historie

Der Name des Amethysten beruht auf dem griechischen Wort *amethein* und bedeutet *nicht betrunken sein*. In der Antike erhoffte man sich durch den Stein einen Schutz gegen die Trunksucht. Deshalb trank man früher aus Amethystbechern oder trug Amulette gegen die Folgen eines übermäßigen Alkoholgenusses. Desweiteren war er als Schutzstein gegen Zauberei und böse Gedanken bekannt.

Seine violette Farbe beruht hauptsächlich auf Spuren von Mangan. Die Amethystkristalle bilden sich immer auf einem sogenannten Untergestein und tragen die größte Farbkonzentration in den Spitzen.

Körperliche Heilwirkung

Der Amethyst hat eine sehr große Heilwirkung auf den gesamten Kopfbereich und findet Anwendung bei Koordinationsstörungen, Epilepsie, Kopfschmerzen, Hysterie und Wassersucht. Er aktiviert sowohl die Bauchspeicheldrüsen- und Schilddrüsentätigkeit und hilft bei Hautkrankheiten, Zecken- und Insektenstichen, Venenerkrankungen, Trunksucht, Menstruationsbeschwerden, Halsentzündungen und Farbblindheit.

Psychische Heilwirkung
bei mangelndem Selbstvertrauen, Hypermotorik, mangelnder Liebesfähigkeit und Unausgeglichenheit.

Anwendung und Wirkungsweise
Der Amethyst hat eine ausgesprochen harmonisierende und beruhigende Wirkung. Er verwandelt Gefühle von Haß und Wut in Sanftmut und Liebe. Er schützt uns vor negativen Gedanken und Einflüssen und hilft traumatische Erlebnisse oder den Verlust geliebter Menschen zu überwinden. Es ist hilfreich, ihn bei Ängsten, Schlaflosigkeit und Wahnvorstellungen unter das Kopfkissen zu legen.

Der Amethyst ist ein sehr guter Meditationsstein, der uns auf unserem spirituellen Weg begleitet, zentriert und für höhere Bewußtseinsebenen empfänglich macht. Es tut gut, ihn während der Meditation in die geöffneten Handflächen zu legen und sich auf seine Energie zu konzentrieren.

Bei Hautkrankheiten, wie Allergien und Ekzemen helfen Waschungen mit Amethystwasser. Dazu legen wir einen Amethyst etwa eine Stunde in ein Gefäß mit Quellwasser, befeuchten anschließend ein Tuch mit diesem Elixier und betupfen die befallenen Hautstellen.

Amethyste haben die Eigenschaft, die Drüsentätigkeit anzuregen. Innerlich kann dies durch die Einnahme von selbst zubereitetem Amethyst-Elexier (siehe Seite 132) unterstützt werden. Bei Zecken- und Insektenstichen wird der leicht erwärmte Stein auf die entsprechende Körperstelle wiederholt leicht aufgedrückt. Bei Venenerkrankungen werden die betroffenen Stellen mehrmals täglich mit Hilfe eines Trommelsteins in kreisenden Bewegungen von unten nach oben massiert.

Auch Kinder, die unter Hypermotorik leiden, erfahren durch das Tragen einer Amethystkette eine beruhigende und ausgleichende Wirkung.

Aquamarin

Chakra:	Hals
Mineralgruppe:	Beryll
Farbe:	hellblau - hellgrün
Härtegrad:	7,5 -8
Spez. Gewicht:	2,67 -2,71
Lichtbrechung:	1,57 -1,58
Kristallsystem:	hexagonal
Durchsichtigkeit:	durchsichtig
Chemische Zusammensetzung:	$Be_3Al_2(SiO_3)_6$ Beryllium -Tonerdesilikat
Hauptvorkommen:	Brasilien, Madagaskar, Südwestafrika

Historie

Aquamarin bedeutet soviel wie *Wasser des Meeres* oder *Kraft des Meeres*. Sicherlich ist die Namensgebung dieses Steines kein Zufall; denn seine Farbe kann so tiefblau wie das Meer sein und in geschliffenem Zustand kann er so klar wie ein Bergkristall sein und schimmern, als ob sich die Sonnenstrahlen gerade auf dem Meer brechen. Er verbreitet eine Stimmung der Ruhe und des Friedens und war von jeher als Schutzstein für Seeleute, die oft monatelang mit dem Schiff unterwegs waren, bekannt. Auch heute noch gilt er als Stein der Hellseher und Mystiker.

Aquamarine zählen zu der Gruppe der Berylle und erhalten ihre Farbe durch das Eisen. Sie können auch in größeren Kristallen vorkommen. Der größte bisher gefundene Stein wiegt 220 Pfund und kommt aus Brasilien.

Körperliche Heilwirkung

Bei Augenentzündungen, verminderter Sehkraft, Leber- und Nierenerkrankungen, Wassersucht, Hauterkrankungen, Halsschmerzen, Stirnhölenkatarrhen, Kiefern- und Zahnbeschwerden.

Psychische Heilwirkung

beruhigend, fördert die Konzentration, steigert die Ausdrucksfähigkeit, lindert Ängste und Depressionen und ist gut als Meditationsstein geeignet.

Anwendung und Wirkungsweise

Der Aquamarin ist ein sehr guter Meditationsstein, der uns durch seine Schwingung innere Ruhe und inneren Frieden schenkt. Er führt uns in die Tiefen unseres Seins, lehrt uns die Zusammenhänge bestimmter Lebensumstände und macht uns die daraus resultierenden Krankheitssymptome bewußt. Dieses Wissen kann uns helfen alte Gewohnheiten zu durchbrechen. Er steigert das Verlangen, kosmische Zusammenhänge in ihrer Ganzheit zu erfassen.

Der Aquamarin wirkt vor allem auf das Kehlchakra und hilft beispielsweise Rednern die passenden Worte zu finden und ihre Ausdrucksfähigkeit zu verbessern. Er stärkt die Intuition und hilft Künstlern bei der Umsetzung ihres Vorhabens.

Halsschmerzen können durch Gurgeln mit Aquamarinwasser gelindert werden. Dazu wird der Aquamarin etwa eine halbe Stunde vorher in ein Glas mit Quellwasser gelegt um anschließend damit zu gurgeln. Bei Hals- und Rachenerkrankungen empfiehlt es sich den Aquamarin an einem kurzen Band um den Hals zu tragen.

Aquamarine steigern die Lymphtätigkeit und haben eine stark ausschwemmende und reinigende Wirkung auf die Körperorgane. Nierenerkrankungen, Leberstörungen und Wassersucht können innerlich durch die Einnahme von Aquamarin-Elixier (siehe Seite 132) gelindert werden. Hautkrankheiten wie beispielsweise Schuppenflechte erfahren durch Umschläge mit Aquamarinwasser eine deutliche Besserung.

Aventurin

Chakra:	*Herz*
Mineralgruppe:	*Quarz*
Farbe:	*goldbraun, grünlich*
Härtegrad:	*7*
Spez. Gewicht:	*2,65*
Lichtbrechung:	*1,54 -1,55*
Kristallsystem:	*trigonal*
Durchsichtigkeit:	*durchscheinend*
Chemische Zusammensetzung:	*SiO$_2$ Kieselsäure*
Hauptvorkommen:	*Ural, Indien, Brasilien*

Historie

Der Aventurin ist ein schwach durchscheinender Quarz. Seine grüne Farbe entsteht durch Chromglimmer und Hornblende.

Sein Name stammt von dem französischen Wort *par aventure* ab. Er wurde nach dem Aventuringlas benannt, das aufgrund eines chemischen Zufalls entstand und die gleiche Farbgebung aufweist wie der erst später entdeckte Naturstein. Einlagerungen von Glimmerschüppchen geben ihm einen leicht metallischen Glanz.

Körperliche Heilwirkung

bei nervösen Herzbeschwerden, Überanstrengung, Irritationen der Haut, Schuppenflechte, Allergien, Leberstörungen.

Psychische Heilwirkung

bei Ungeduld, Angst, vegetativen Störungen des Nervensystems.

Anwendung und Wirkungsweise

Der Aventurin hat eine starke Heilwirkung. Neben der goldbraunen Varietät gibt es den hellgrünen und den dunkelgrünen Aventurin. Beide sind hervorragend geeignet, um Disharmonien im Körper aufzuspüren. Tragen wir einen dunkelgrünen Aventurin als Halskette, konzentrieren sich seine Schwingungen zuerst auf das am meisten geschwächte Organ. Hier aktiviert er die noch gesunden Organzellen und überträgt ihre Energie auf die bereits kranken Zellen. Dieses ist sicherlich ein länger dauernder Prozeß, der zur Folge haben kann, daß das geschwächte Organ wieder gesundet. Ist dieser Zustand eingetreten, wandert seine Heilschwingung zu dem nächst schwächeren Organ und wirkt auf die gleiche Weise fort. Als unterstützende Maßnahme ist es sinnvoll, den hellgrünen Aventurin zusätzlich auf den Körper im Bereich des betreffenden Organs aufzulegen. Je länger wir den Aventurin tragen, desto stärker und andauernder ist seine Heilkraft.

Der Aventurin hat aber auch eine befreiende Wirkung bei Erkrankungen des vegetativen Nervensystems und kann bei Einschlafstörungen, oder zur Beruhigung nachts unter das Kopfkissen gelegt werden. Er öffnet unser Herzchakra und schenkt uns eine Art heiterer Gelassenheit.

Umschläge mit Aventurinwasser helfen bei allen Hauterkrankungen wie Schuppenflechte und Hautirritationen. Sehr gut ist in solchen Fällen auch ein Aventurinbad. Dazu wird der Aventurin mit lauwarmem Wasser bedeckt ca. 1 bis 2 Stunden stehengelassen und anschließend die Badewanne mit Wasser aufgefüllt. Die Badedauer beträgt 15 Minuten. Bei Herzbeschwerden kann der Stein auf den betreffenden Körperbereich aufgelegt werden oder an einer längeren Kette, die bis zum Herz reicht getragen werden.

Azurit

Chakra:	*Stirn*
Mineralgruppe:	*Azurit*
Farbe:	*dunkelblau*
Härtegrad:	*3,5 - 4*
Spez. Gewicht:	*3,7 - 3,9*
Lichtbrechung:	*1,73 - 1,84*
Kristallsystem:	*monoklin*
Durchsichtigkeit:	*durchscheinend*
Chemische Zusammensetzung:	$Cu_3(CO_3)_2(OH)_2$ *Kupfercarbonat*
Hauptvorkommen:	*Südwestafrika, Ural, USA*

Historie

Der Name Azurit leitet sich von dem französischen Wort *azure* für blau ab und charakterisiert die für ihn typische Farbe. Früher wurde der pulverisierte Stein zur Herstellung von Farbstoff, dem Blauvitriol, verwendet. Oft kommt der Azurit in knollenartigen Gebilden vor, die zu einer Vielzahl von Kristallen zusammengewachsen sind. Nicht selten wird er in Kupferlagerstätten in Nachbarschaft mit dem Malachit gefunden oder ist direkt auf Gesteine oder Mineralien aufgewachsen. Eine dieser direkten Verbindungen ist der Azurit-Malachit. Wegen seiner geringen Härte wird er selten allein als Schmuckstein verarbeitet.

Körperliche Heilwirkung

stimuliert Milz und Schilddrüse, hilft bei Entzündungen der Haut, Haltungsschäden und Unterfunktion der Schilddrüse.

Psychische Heilwirkung

zur Meditation, Konzentration, den inneren Gedankenfluß beruhigend.

Anwendung und Wirkungsweise

Der Azurit ist ein Stein, der einen starken Einfluß auf unsere spirituelle Entwicklung hat. Er fördert die Kontemplation und erleichtert uns den Zugang zu höheren Bewußtseinsebenen. Er bringt Körper und Geist in Einklang und ermöglicht uns, tief in unser Inneres vorzudringen, alte Verhaltensmuster und Blockaden aufzulösen und etwas Neues entstehen zu lassen. Der Azurit ist eine Bereicherung für unser inneres Wachstum und sollte zu diesem Zweck auf das sogenannte dritte Auge aufgelegt werden.

Außerdem hilft er unsere Gedanken zu sammeln und zu orden, macht uns aufnahmebereit für neue Lerninhalte und stärkt das Gedächtnis. Daher ist dieser Stein gut für alle Schüler, Studierende und Lernende geeignet, die den gestellten Anforderungen gerecht werden müssen. Es genügt, ihn während des Arbeitens vor sich auf den Schreibtisch zu stellen.

Bei Haltungsschäden legen wir den Stein auf die entsprechende Stelle auf und massieren den Bereich in leicht kreisenden Bewegungen. Leiden wir an Schilddrüsenunterfunktion, können wir den Azurit direkt auflegen oder an einem kurzen Band um den Hals tragen. Ebenso kann er zur Stärkung der Milz und bei Entzündungen der Haut als Kette getragen werden.

Bergkristall

Chakra:	alle
Mineralgruppe:	Quarz
Farbe:	farblos
Härtegrad:	7
Spez. Gewicht:	2,65
Lichtbrechung:	1,54 -1,55
Kristallsystem:	trigonal
Durchsichtigkeit:	durchsichtig
Chemische Zusammensetzung:	SiO_2 Kieselsäure
Hauptvorkommen:	Brasilien, Alpen, Madagaskar

Historie

Die Griechen nannten den Stein *kristallos*, d.h. *klares Eis*. Sie waren der Meinung, daß es sich bei dem Bergkristall um ewiges Eis handele, das selbst die heißesten Sonnenstrahlen nicht zu schmelzen vermochten. Überlieferungen berichten von riesigen Palästen und Höhlen aus Bergkristallen. Zum Zweck der Wahrsagung wurde die Form der geschliffenen Kugel bevorzugt, weil sie die Eigenschaft besitzt, dem Betrachter sein eigenes Spiegelbild zu zeigen und Gelegenheit gibt, sich freizumachen von den eigenen Gedanken, um Antwort auf die Fragen der Ratsuchenden zu bekommen. Bergkristalle bilden sich meist auf sogenanntem Untergestein und stehen oft in Gruppen zusammen. Seine *Kristalle* können winzig klein sein aber auch einen Durchmesser bis zu einem halben Meter haben.

Körperliche Heilwirkung

bei Augenleiden, Magen-Darmbeschwerden, Schilddrüsenstörungen, Haltungsfehlern im Bereich der Wirbelsäule, Herzbeschwerden und Blutungen, regt die Bildung der weißen und roten Blutkörperchen an.

Psychische Heilwirkung

er wirkt stark harmonisierend, das innere Gleichgewicht herstellend.

Anwendung und Wirkungsweise

Bergkristalle bewirken in dem Sinne keine Heilung. Sie stärken nur die Selbstheilungskräfte, erhöhen die Frequenz aller Chakras und tragen dazu bei, daß sie alle gleichzeitig harmonisch schwingen. Bergkristalle fördern ebenfalls das spirituelle Wachstum und eignen sich gut als Meditationsstein. Sie setzen innere Erkenntnis- und Wandlungsprozesse in Gang, die zu einer Harmonisierung des inneren Gleichgewichtes beitragen. Oft werden sie bei Edelsteinbehandlungen unterstützend eingesetzt, weil ihre Schwingung mit allen anderen Steinen harmonisiert und ihre Frequenz erhöht. Der Bergkristall ist der Stein für alle Notfälle.

Für den Laien ist es ratsam, den Bergkristall in der geschliffenen Kugelform zu tragen und anzuwenden; denn die unbearbeitete Form besitzt ein stumpfes Ende, das Energie aufnimmt und eine Spitze über welche die Energie wieder abgegeben wird. Legen wir diesen unbearbeiteten Kristall auf den Körper auf, kann je nach Stellung des Kristalls Energie in den Körper einfließen oder abgezogen werden. Dabei ist ungewiß, ob die Energie, die dem Körper entzogen wird, positiver oder negativer Natur für den Betroffenen ist. Bei der Kugelform dagegen besteht eine Art Kreislauf von Geben und Nehmen, welche die Energieaufnahme und Energieabgabe im Gleichgewicht hält. Bei Erschöpfungszuständen und Hauterkrankungen hilft die regelmäßige Einnahme des Bergkristall-Elixiers (siehe Seite 132). Eine Kette um den Hals getragen wirkt entspannend und harmonisierend. Gegen Verspannungen der Wirbelsäule hilft das mehrmalige Auflegen von Bergkristallkugeln entlang der Wirbelsäule.

Bei Schilddrüsenerkrankungen wie beispielsweise dem Kropf, sollte der leicht erwärmte Bergkristall auf diese Stelle aufgelegt werden, während es bei Augenleiden hilft, sogenannte Schmeichelsteine vor die geöffneten Augen zu legen. Zur Blutstillung legt man ihn vor die betreffende Wunde und wickelt ihn gegebenenfalls so mit in den Verband ein.

Bernstein

Chakra:	*Sonnengeflecht*
Mineralgruppe:	*organisch*
Farbe:	*gelb - rötlichbraun*
Härtegrad:	*2 - 2,5*
Spez. Gewicht:	*1,05 - 1,04*
Lichtbrechung:	*1,54*
Kristallsystem:	*keines*
Durchsichtigkeit:	*durchscheinend bis opal*
Chemische Zusammensetzung:	$C_{40}H_{64}O_4$ *organisch*
Hauptvorkommen:	*Rumänien, Sizilien, Burma*

Historie

Bei dem Bernstein handelt es sich nicht um einen Edelstein, sondern um ein fossiles, erhärtetes Harz von Nadelhölzern prähistorischer Zeit, die durch Naturkatastrophen vernichtet wurden. Die bekanntesten Bernsteine wurden an der Ostsee gefunden, und stammen von nordischen Nadelhölzern, die der Brandung des Meeres nicht standgehalten haben. Das dabei ausgetretene Harz ist teilweise angeschwemmt worden und hat sich im Sandboden abgelagert. In Ostpreußen wurde die frühtertiäre Tonerde teilweise mit großen Baggern abgebaut und der Bernstein durch Auswaschen gewonnen. Interessant sind auch die Bernsteine, die Insekten oder andere Tier- und Pflanzenteile eingeschlossen und dadurch konserviert haben.

Der Name Bernstein kommt von *Börnstein* und bedeutet *brennen*, weil er an der Luft brennbar ist und schon bei einer Temperatur von 150 Grad anfängt, weich zu werden. Er trägt auch die Bezeichnung *das Gold des Nordens*. Früher galt er als Zauberstein sowie als Schutzstein gegen verschiedene Krankheiten und wurde u. a. zum Ausräuchern von Hof und Stall benutzt. Bekannt wurde der Bernstein auch aufgrund seiner Fähigkeit, sich elektrisch aufzuladen.

Körperliche Heilwirkung
bei Asthma, Bronchitis, Ohrenschmerzen, Mandelentzündungen, Zahnungsbeschwerden, Zahnproblemen, Schilddrüsenerkrankungen, zur Kräftigung der Nerven, bei rheumatischen Beschwerden, Blasenerkrankungen und Fieber.

Psychische Heilwirkung
reinigend, harmonisierend; schenkt Frieden und stärkt die eigenen Abwehrkräfte.

Anwendung und Wirkungsweise
Der Bernstein besitzt die besondere Fähigkeit, negative, krankmachende Energien aus dem Körper zu ziehen und die Selbstheilungskräfte zu aktivieren. Deshalb ist es auch sehr wichtig, ihn vor jeder Heilbehandlung zu reinigen und zum Trocknen möglichst der Sonnenenergie auszusetzen. Bernsteine wirken vor allem auf das Sonnengeflecht. Durch Auflegen des Steines auf diesen Bereich kann das nervliche Gleichgewicht wiederhergestellt werden. Bernsteine aktivieren die Ausscheidungsfunktionen der Harnwege, regulieren den Blutkreislauf und stabilisieren Herz und Milz durch Auflegen des Steins auf die betreffenden Organe. Sie haben aber auch eine große Wirkung auf alle Erkrankungen der Luftwege, wie Mandelentzündung, Asthma, Bronchitis, Schilddrüsenerkrankungen und helfen Kindern beim Zahnen. Bei all diesen Beschwerden ist es gut, den Bernstein an einer kurzen Kette um den Hals zu tragen.

Beryll

Chakra:	Sonnengeflecht
Mineralgruppe:	Beryll
Farbe:	farblos, gelb, grüngelb, rosa
Härtegrad:	7,5 - 8
Spez. Gewicht:	2,65 - 2,75
Lichtbrechung:	1,58 - 1,59
Kristallsystem:	hexagonal
Durchsichtigkeit:	durchsichtig
Chemische Zusammensetzung:	$Be_3 Al_2 (SiO_3)_6$ Berylliumtonerdesilikat
Hauptvorkommen:	Madagaskar, Sri Lanka, Südwestafrika

Historie

Unter dem Namen Beryll wird nicht die Beryllgruppe verstanden, zu denen der Smaragd, der Aquamarin und der Chrysoberyll gehören, sondern die farblosen, gelben, gelbgrünen und rosa Steine. Aufgrund vieler verschiedener Metallzusätze variieren sie in ihren Farben und besitzen viele unterschiedliche Namen. Der farblose Beryll heißt *Goshenit,* der grüne *Heliodor* und der rosafarbene nach dem bekannten Edelsteinsammler J.P. Morgan, *Morganit.*

Aus den farblosen Beryllen wurden schon im Mittelalter Brillengläser geschliffen, um die Sehkraft zu verstärken. So hat unser Begriff Brille seinen Ursprung in dem griechischen Wort *beryllos,* für Beryll. Auch wurden aus diesem Material Zauberspiegel gefertigt, mit deren Hilfe es für Eingeweihte möglich war, die Zukunft vorherzusagen.

Körperliche Heilwirkung

bei Leberstörungen, Darmerkrankungen, Grippe, Halsentzündungen und Augenleiden.

Psychische Heilwirkung
fördert die Denkfähigkeit, bei Angst, Überreizung, nervösen Verspannungen.

Anwendung und Wirkungsweise
Berylle haben eine stark reinigende Wirkung auf den Darm. Giftstoffe werden ausgeschieden, die Nahrungsmittelverwertung wird verbessert, Überreizungen und nervöse Verspannungen werden gelöst. Bei all diesen Symptomen hilft es, den Stein auf den Solarplexus aufzulegen. Zur Unterstützung können wir uns ein Beryllelixier, wie auf Seite 132 beschrieben, herstellen und dreimal täglich sieben Tropfen vor den Mahlzeiten einnehmen. Für die Aktivierung der Stoffwechselprozesse ist auch ein Beryll-Bad zu empfehlen. Dazu legen wir den Stein in die Badewanne, und lassen soviel Wasser einlaufen, bis der Stein bedeckt ist. Etwa zwei Stunden, nachdem der Beryll seine Heilschwingung auf das Wasser übertragen hat, lassen wir das restliche Badewasser zulaufen.
Bei Augenkrankheiten empfiehlt sich, jeweils einen Trommelstein oder Handschmeichler auf die geschlossenen Augen zu legen.

Chalzedon

Chakra: Hals
Mineralgruppe: Quarz
Farbe: Weiß, grau, hellblau
Härtegrad: 6,5 -7
Spez. Gewicht: 2,6 -2,65
Lichtbrechung: 1,54 -1,55
Kristallsystem: trigonal
Durchsichtigkeit: halbdurchscheinend, opal
Chemische Zusammensetzung: SiO_2 Kieselsäure
Hauptvorkommen: Brasilien, USA, Sri Lanka

Historie
Der Chalzedon wurde nach der kleinasiatischen Stadt *Kalchedon* benannt. Er entstand aus wässerigen Lösungen und hat so die Hohlräume von Gesteinen ausgefüllt und hängt als Zapfen von Höhlendecken oder wird in Flußablagerungen gefunden.

Chalzedone wurden früher als Schutzsteine getragen, weil sie die Fähigkeit besitzen, positive Energien zu speichern, und negative Schwingungen abzuwenden und so vor Gefahren zu schützen.

Der Aufbau der Chalzedone mit ihren langgestreckten Kanälen oder bläschenartigen Zwischenräumen bewirkt, daß er Farblösungen sehr gut aufnimmt und gefärbt werden kann.

Körperliche Heilwirkung
er fördert die Milchbildung, wirkt auf alle Atemwegsorgane, stärkt die Funktion der Schilddrüse, kräftigt Milz und Lunge.

Psychische Heilwirkung
bei Erschöpfung, Schwäche, Unzufriedenheit, Melancholie, Überreiztheit, Aggression.

Anwendung und Wirkungsweise

Chalzedone wirken vor allem über das Halschakra. Bei Heiserkeit, Überbeanspruchung der Stimmbänder, Bronchitis, Kehlkopfkatarrhen und Halsentzündungen ist es gut, einen Anhänger an einem kurzen Band um den Hals zu tragen. Ebenso hilft das Gurgeln mit einem Chalzedon-Elixier. Dazu legt man den Stein mindestens eine halbe Stunde in Quellwasser - wodurch die Schwingung des Chalzedons an das Wasser weitergegeben wird - und gurgelt anschließend mehrmals mit diesem Elixier.

Chalzedone wirken aber auch hervorragend auf unser Sprachzentrum. Sie fördern die Ausdrucksfähigkeit und den Redefluß und geben den Ausführungen mehr Gewicht. Der Chalzedon wird deswegen auch als Stein der Redner bezeichnet. Er kann während des Vortrages in der Hand gehalten oder an einer Kette getragen werden. Er fördert aber nicht nur die Kunst des Redens, sondern auch die Kunst des Zuhörens. Schülern und Studenten kann er helfen, ihre Ausdrucksfähigkeit in Prüfungen und Klausuren zu steigern.

Er regt die Bildung der roten Blutkörperchen an, erhöht die Sauerstoffversorgung des Blutes und reguliert Kreislaufstörungen. Über eine Wunde gehalten entfaltet er seine antiseptische Wirkungsweise.

Chalzedone wirken auf allen Ebenen beruhigend und vermitteln eine Stimmung heiterer Gelassenheit. Sie stimmen optimistisch und dulden weder Melancholie noch Sentimentalität. Da sie die Kommunikationsfreudigkeit erhöhen, sind diese Steine besonders für introvertierte Menschen geeignet, die sich leicht einsam fühlen und Probleme haben, ihre Sorgen und Nöte anderen mitzuteilen.

Chalzedone können als Kette oder Ring getragen werden. Durch Auflegen des Steins auf das Kehlchakra können Blockaden gelöst werden.

Chrysoberyll

Chakra:	*Herz, Solarplexus*
Mineralgruppe:	*Chrysoberyll*
Farbe:	*gelb, grüngelb, bräunlichgrün*
Härtegrad:	*8 -8,5*
Spez. Gewicht:	*3,7*
Lichtbrechung:	*1,74*
Kristallsystem:	*rhombisch*
Durchsichtigkeit:	*durchsichtig*
Chemische Zusammensetzung:	*Be Al_2O_4 Berylliumaluminat*
Hauptvorkommen:	*Sri Lanka, Brasilien, Indien*

Historie

Der Name *Chrysoberyll* stammt von dem griechischen Wort *chrysos* (Gold) ab und bedeutet Goldstein. Viele assoziieren mit der goldgelben Farbe Reichtum und Wohlstand. Chrysoberylle kommen häufig als Zwillings- oder Drillingskristalle vor. Eine Abart des Chrysoberylls ist der *Alexandrit*. Er ist dunkelgrün gefärbt und besitzt die Eigenart, seine Farbe zu verändern. Bei Tageslicht ist er grün, bei künstlichem Licht leuchtet er blutrot. Chrysoberyll-Kristalle, die nach dem Schleifen einen Lichtstreifen erkennen lassen, der so aussieht wie die Pupille einer Katze, werden aufgrund dieser Erscheinung *Chrysoberyll Katzenauge* genannt. Er hat eine gelbe bis gelb- grüne Farbe.

Körperliche Heilwirkung

stärkt die Sehkraft, beruhigt das zentrale Nervensystem, hilft bei Asthma, Magen-Darmbeschwerden und stärkt die Bauchspeicheldrüse.

Psychische Heilwirkung

gibt Selbstvertrauen, lindert Überreiztheit und Aggressionen, macht friedliebend.

Anwendung und Wirkungsweise

Die grünen Steine eignen sich besonders bei Augenkrankeiten. Oft hilft es, jeweils einen Trommelstein auf die geschlossenen Augen zu legen. Bei asthmatischen Beschwerden sollte er an einer kurzen Kette um den Hals getragen werden.

Allgemein haben sie eine reinigende, entkrampfende Wirkung auf den Magen-Darmtrakt. Giftstoffe werden ausgeschieden, die Nahrungsmittelaufnahme verbessert sich, Leber und Bauchspeicheldrüse werden gekräftigt. Bei all diesen Beschwerden können zur Unterstützung Chrysoberyll-Elixiere eingenommen werden. Dazu legt man den Stein mindestens eine Stunde oder über Nacht in Quellwasser und trinkt dieses Elixier anschließend schluckweise über den Tag verteilt.

Chrysoberylle stimmen friedlich. Sie stärken unser Selbstbewußtsein und helfen uns, sowohl die eigenen Schwächen als auch die Fehler anderer zu akzeptieren. Durch Auflegen auf den Solarplexus können Ängste und Überreiztheit gelöst werden.

Die grünen Farbtöne wirken besonders auf unser Herzchakra und stimmen uns friedlich, während die gelben Farbtöne auf den Solarplexus und damit auf die Verdauungsorgane und das vegetative Nervensystem Einfluß haben.

Chrysokoll

Chakra:	Hals
Mineralgruppe:	Chrysokoll
Farbe:	grün-blau
Härtegrad:	2 -4
Spez. Gewicht:	2,2
Lichtbrechung:	1,46
Kristallsystem:	keines
Durchsichtigkeit:	undurchsichtig
Chemische Zusammensetzung:	$Cu\,SiO_3 * n\,H_2O$ Kieselkupfer
Hauptvorkommen:	Italien, GUS, USA

Historie

Der Name Chrysokoll wird abgeleitet von dem griechischen Wort *Chrysokolla* und bedeutet *Goldleim* oder *Klebstoff*, weil er früher als Lötmittel für Gold verwendet wurde. Er entsteht aus kieselsäurehaltigen Verwitterungslösungen und füllt oft Spalten in Kupferminen aus. Wegen seiner geringen Härte findet er als Schmuckstein selten Verwendung. Oft kommt er jedoch in Verbindung mit dem Malachit und dem Azurit vor. Der Chrysokoll verkörpert die weibliche Energie und wird der Venus zugeordnet. Sein Äußeres wirkt sehr anziehend.

Körperliche Heilwirkung

bei Erkältungskrankheiten, Schilddrüsenerkrankungen, Menstruationsbeschwerden, wie z.B. Rückenschmerzen und Krämpfen, Hormonstörungen, Verspannungen im Hals- und Nackenbereich.

Psychische Heilwirkung

ausgleichend bei Stimmungsschwankungen, Überreiztheit, Streß, Negativität, Egozentrik.

Anwendung und Wirkungsweise

Der Chrysokoll ist ein Stein, der unser Herz für die Schönheit der Natur öffnet und hilft, Verständnis für unsere Mitmenschen und für uns selbst zu entwickeln. Er besänftigt, löst Verspannungen und trägt zu innerem und äußerem Frieden bei. Er sensibilisiert uns, unsere eigenen Probleme zu erkennen und zu lösen. Wir sollten den Stein in diesem Sinn auf unser Herz-Chakra auflegen.

Der Chrysokoll ist auch hervorragend geeignet bei allen Arten von Menstruationsbeschwerden und schafft durch Auflegen auf die Problemzonen Linderung. Bei Halserkrankungen empfiehlt sich das Tragen des Steines an einem kurzen Band.

Der Chrysokoll ist sehr gut für werdende Mütter geeignet. Er hilft nach der Geburt, die Mutter-Kind-Beziehung anzunehmen und zu festigen.

Chrysopras

Chakra: Herz
Mineralgruppe: Chalzedon
Farbe: grün, apfelgrün
Härtegrad: 7
Spez. Gewicht: 2,6 -2,65
Lichtbrechung: 1,54 -1,55
Kristallsystem: trigonal
Durchsichtigkeit: durchscheinend undurchsichtig
Chemische Zusammensetzung: SiO_2 + Ni Kieselsäure
Hauptvorkommen: Ural, Schlesien, Brasilien

Historie
Der griechische Name des Steines besteht aus den Worten *chrysos* für Gold und *prason* für Lauch und heißt übersetzt *Goldlauch*. Dies ist vielleicht eine Anspielung auf die des öfteren gefundenen grünen Steine mit goldenem Einschlag. Farbgebende Substanzen sind wasserhaltige Nickelsilikate, die in den Stein eingelagert sind. Seine Farbe ist jedoch nicht sehr beständig und kann beispielsweise durch Sonneneinstrahlung und den damit einhergehenden Wasserverlust der Nickelsilikate verblassen. Um diesen Vorgang rückgängig zu machen, kann er zur Farbintensivierung in feuchte Tücher gewickelt werden.

Körperliche Heilwirkung
beruhigt Herz und Nerven, stärkt das Gedächtnis, fördert die Fruchtbarkeit, lindert Unterleibsbeschwerden, wirkt krampflösend, stabilisiert den Kreislauf und hilft bei Gelenkerkrankungen.

Psychische Heilwirkung
bei sexuellen Verspannungen, Nervosität, Stimmungsschwankungen, Minderwertigkeitsgefühlen.

Anwendung und Wirkungsweise
Der Chrysopras hat eine stark beruhigende Wirkung auf Herz und Nerven. Er schenkt uns Ruhe, Ausgeglichenheit und Energie, und hilft uns, Minderwertigkeitskomplexe zu überwinden. Durch seine stark krampflösende Eigenschaft können Störungen im Bereich der Eileiter und Hoden gemildert werden. Verspannungen, die sich teilweise bis hin zur Sexualität auswirken werden gelöst und die Fruchtbarkeit gefördert. Bei Schmerzen empfiehlt es sich, den Stein mehrmals täglich auf die betreffenden Körperbereiche aufzulegen, während es bei Gefühlsschwankungen ratsam ist, den Stein bei sich zu tragen.

Der Chrysopras hat einen starken Einfluß auf unsere Psyche. Er macht uns unbewußte Gedankengänge bewußt, stärkt unser inneres Sehvermögen, trägt dadurch zur Problembewältigung bei und hilft uns, durch seine Schwingung Zugang zu Naturabläufen zu bekommen.

Citrin

Chakra:	*Solarplexus*
Mineralgruppe:	*Quarzgruppe*
Farbe:	*gelb-gelbbraun*
Härtegrad:	*7*
Spez. Gewicht:	*2,65*
Lichtbrechung:	*1,54*
Kristallsystem:	*trigonal*
Durchsichtigkeit:	*durchsichtig*
Chemische Zusammensetzung:	*SiO_2 Kieselsäure*
Hauptvorkommen:	*Brasilien, Uruguay, Ural, Madagaskar, USA, Spanien*

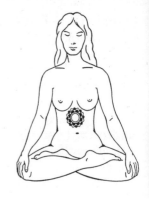

Historie
Der Begriff *Citrin* stammt aus dem Lateinischen und bedeutet *zitronenfarbig*. Es gibt drei Arten von Citrinen: die natürlich gewachsenen, die im Feuer erhitzten und die durch Brennen von Amethysten künstlich hergestellten Citrine, die fälschlicherweise oft als *Goldtopas* bezeichnet werden.

Die natürlichen Citrine sind selten, aber kraftvoller in ihrer Wirkungsweise. Die gebrannten Citrine sind durch Naturkräfte wie Feuer und Hitze umgewandelt worden und beeinträchtigen ihre Wirkungsweise kaum. Bei den aus Amethyst hergestellten Citrinen ist sicherlich auch eine Wirkung vorhanden, die jedoch sehr von den Eigenschaften des Amethysts geprägt ist. Äußerlich sind sie an ihrer oft etwas streifigen rotbraunen Farbe zu erkennen. Echte Citrine haben ein mehr wolkenartiges Erscheinungsbild.

Körperliche Heilwirkung
hilft bei Diabetis, Drüsenerkrankungen, Blutvergiftungen, Verdauungsbeschwerden, Leber und Nierenerkrankungen.

Psychische Heilwirkung
hilft gegen Depressionen, Selbstmordgedanken und unverarbeiteten Problemen.

Anwendung und Wirkungsweise
Citrine stärken das Immunsystem und haben eine reinigende Wirkung auf unsere Ausscheidungsorgane. Giftstoffe werden ausgeschieden und die Nahrungsmittelverwertung verbessert. Durch die Entschlackung des Körpers und den Abbau von Übersäuerungen hilft der Citrin auch bei Rheuma und Gicht.

Er ist auch sehr gut für bettnässende Kinder geeignet, die den Anforderungen des täglichen Lebens nicht gewachsen sind und dadurch des Nachts ihre Blase nicht kontrollieren können. Durch das Tragen des Citrins wird den Kindern geholfen, sich im Alltag zu behaupten und ihre Blasenmuskulatur gekräftigt.

Bei Problemen, die uns auf den Magen schlagen, befreit er uns von dem inneren Druck und schenkt uns unser inneres Gleichgewicht. Er hat aber auch eine stark anregende Wirkung auf die Bauchspeicheldrüse, fördert die Insulinausschüttung und hilft, die Zuckerwerte zu stabilisieren. Dazu sollte der Citrin möglichst in Höhe des Bauchnabels getragen werden.

Citrine spüren psychosomatische Disharmonien auf und helfen uns, unverarbeitete Probleme zu lösen und Gefühlsblockaden abzubauen. Sie befreien uns von körperlichem und emotionalem Ballast und sind ein guter Begleiter auf der Suche nach unserem Lebensweg. Sie schenken Wärme und Zufriedenheit und geben uns die nötige Antriebskraft, um unsere Ziele zu erreichen. Außerdem bilden sie die Fähigkeit aus, Zärtlichkeit empfinden und weitergeben zu können.

Die helleren Citrine wirken mehr auf die Verdauungsorgane, die etwas dunkleren dagegen auf der emotionalen Ebene.

Diamant

Chakra:	*alle*
Mineralgruppe:	*Diamant*
Farbe:	*farblos, weiß, gelb-braun rötlich, grünlich, bläulich*
Härtegrad:	*10*
Spez. Gewicht:	*3,52*
Lichtbrechung:	*2,41 -2,42*
Kristallsystem:	*kubisch*
Durchsichtigkeit:	*durchsichtig*
Chemische Zusammensetzung:	*C Kohlenstoff*
Hauptvorkommen:	*Südafrika, Brasilien, Indien Australien, Venezuela*

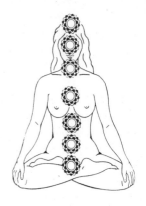

Historie

Der Name des Diamanten leitet sich von dem griechischen Wort *adamus* ab und bedeutet der Unbezwingbare. Er gilt als König unter den Edelsteinen und erfüllt alle Kriterien, die ein Mineral zu einem Edelstein machen. Hervorzuheben ist seine große Härte, die sogar Stahl ritzt, sein starker Glanz und seine hohe Lichtbrechung. Im Gegensatz zu allen anderen Edelsteinen besteht er aus nur einem Element, dem Kohlenstoff.

Der Diamant ist unter hohem Druck und großer Hitzeeinwirkung im Erdinnern auskristallisiert. Im Laufe vieler Jahrtausende ist er durch Erdverschiebungen und Eruptionen durch Kraterröhren an die Erdoberfläche gedrungen. Seine optischen Qualitäten kommen erst durch den sogenannten Brilliantschliff voll zur Geltung. Der Rohdiamant ist für eine Heilbehandlung jedoch empfehlenswerter.

Die Diamanten können verschieden gefärbt sein, wobei die farblosen am wertvollsten sind. Der materielle Wert richtet sich nach Größe, Farbe und Reinheit. Der Diamant ist bis heute Symbol für Schönheit, Reinheit, Stärke und Beständigkeit.

Körperliche Heilwirkung

Der Diamant wirkt vor allem bei krankhaften Veränderungen des Gehirns, wie Gehirntumor, Gehirnentzündung, Gehirnbluten, Autismus, Legasthenie, Epilepsie, Gleichgewichtsstörungen, Sehstörungen sowie bei Vergiftungen.

Psychische Heilwirkung

bei Ängsten, Minderwertigkeitsgefühlen, Konzentrationsschwäche, zudem wirkt er leicht aphrodisierend.

Anwendung und Wirkungsweise

Diamanten haben eine sehr starke Heilwirkung auf Körper, Seele und Geist. Sie sollten jedoch äußerst vorsichtig angewendet werden, weil sie für den Einzelnen eventuell eine zu starke Energie besitzen und sich ihre Heilwirkung dann ins Gegenteil umkehren kann. Der Betreffende fühlt sich danach erschöpft und müde. Diamanten wirken aufgrund ihres reinen Lichtes, das durch sie in unseren Körper einströmt auf alle Chakras. Es ist daher unmöglich, alle Heilwirkungen aufzuzählen. Erwiesen ist jedoch, daß sie einen großen Einfluß auf Krankheiten haben, die mit dem Gehirn in Zusammenhang stehen. So hilft es bei den oben aufgeführten Krankheiten, den Diamanten auf die Schläfe oder das Kronenchakra aufzulegen. Dadurch wird bewirkt, daß den Krankheiten die Lebensenergie entzogen wird und Giftstoffe aus dem Körper herausgezogen werden. Sie besitzen also eine stark reinigende Kraft. Außerdem haben sie die Fähigkeit, Negativität zu speichern und wieder abzugeben. Es ist daher ganz wichtig, sie gründlich zu reinigen und anschließend wieder positiv aufzuladen. Ihr Prinzip beruht mehr auf dem Nehmen in Form von negativer Energie als auf dem Geben.

Diamanten eignen sich gut zur Heilbehandlung mit anderen Edelsteinen, weil sie deren Schwingung erhöhen.

Dioptas

Chakra:	*Herz*
Mineralgruppe:	*Dioptas*
Farbe:	*smaragdgrün*
Härtegrad:	*5*
Spez. Gewicht:	*3,3*
Lichtbrechung:	*1,65*
Kristallsystem:	*hexagonal*
Durchsichtigkeit:	*durchsichtig, durchscheinend*
Chemische Zusammensetzung:	$Cu_6 (SiO_3)_6 * 6 H_2O$ *Wasserhaltiges Kupfer-Silikat*
Hauptvorkommen:	*Südwestafrika, Chile, Kongo, USA*

Historie
Der Name Dioptas wird von dem griechischen Wort *dia=durch* und *opsis=sehen* abgeleitet und bedeutet hindurchsehen, weil es möglich ist, durch den Stein aufgrund seiner prismatischen Form von zwei Seiten hindurchzusehen. Der Dioptas wird oft in Kupferminen oder Spalten von Kalkstein gefunden und wächst häufig in der Nähe von Smaragden. Dadurch kam es früher zu Verwechselungen, die zu der Bezeichnung *Kupfer-Smaragd* führten.

Körperliche Heilwirkung
stärkt das Herz, beruhigt die Nerven, kräftigt den gesamten Organismus.

Psychische Heilwirkung
ausgleichend, inspirierend, bei Streß und Unruhe.

Anwendung und Wirkungsweise
Der Dioptas öffnet unser Herzchakra und löst nervöse Verspannungen in diesem Bereich. Er hat eine ausgleichende aufbauende Wirkung und hilft bei Erschöpfungszuständen, Streß und deren Begleitsymptomen. Dioptas fördert in uns die Liebe zur Natur sowie zu uns selbst und unseren Mitmenschen.

Falkenauge

Chakra: Stirn
Mineralgruppe: Quarz
Farbe: blaugrau, blaugrün, blauschwarz
Härtegrad: 7
Spez. Gewicht: 2,66
Lichtbrechung: 1,54 -1,55
Kristallsystem: trigonal
Durchsichtigkeit: undurchsichtig
Chemische Zusammensetzung: SiO_2 Kieselsäure
Hauptvorkommen: Südafrika

Historie
Bei dem Falkenauge entsteht durch den Schleifvorgang ein seidiger Glanz mit einem Lichtstreifen und weckt dadurch Assoziationen an das Auge des Falken.

Körperliche Heilwirkung
stärkt die Sehkraft, lindert Entzündungen, Verletzungen und Reizungen der Augen, hilft bei Migräne und Kopfschmerzen.

Psychische Heilwirkung
stärkt unser Selbstwertgefühl und bringt uns in Harmonie mit uns selbst.

Anwendung und Wirkungsweise
Das Falkenauge ist ein guter Meditationsstein, vor allem in Verbindung mit dem Tigerauge. Er öffnet unser Stirnchakra und damit neue Seinsebenen. Er zeigt uns ein realistisches Bild unserer Selbst, löst Verkrampfungen und Blockaden, deren Ursache auf innere Verspannungen und unverarbeitete Probleme zurückzuführen sind. Kopfschmerzen und Migräne werden durch Auflegen des Steines auf das dritte Auge gelindert.

Fluorit

Chakra:	*Scheitel*
Mineralgruppe:	*Halogenide*
Farbe:	*violett, blau, farblos, grün, gelb, rot*
Härtegrad:	*4*
Spez. Gewicht:	*3,1-3,2*
Lichtbrechung:	*1,43*
Kristallsystem:	*kubisch*
Durchsichtigkeit:	*durchsichtig*
Chemische Zusammensetzung:	*CaF_2 Calciumfluorid*
Hauptvorkommen:	*England, Alpen, USA, Südwestafrika, Australien*

Historie

Der Fluorit besitzt ein breites Farbspektrum und kann im geschliffenen Zustand mit vielen Steinen verwechselt werden. Er findet sich beispielsweise in Adern von Blei und Silbererzen, Gängen und Gesteinsklüften. Sein Name leitet sich von dem lateinischen Wort *fluere* für *Fließen* ab. Er besitzt die kristalline Struktur einer Doppelpyramide, den sogenannten Oktaedern und verbindet uns mit der kosmischen Energie.

Der Fluorit wird noch heute zum Ausschmelzen der Metalle aus ihren Erzen verwendet, weil er den Schmelzvorgang beschleunigt. Außerdem wird er zur Herstellung von Fluorit, glasätzender Flußsäure, verwendet.

Körperliche Heilwirkung

bei Stoffwechselerkrankungen, Arthritis, Konzentrationsschwäche.

Psychische Heilwirkung

hilft uns auf unserem spirituellen Weg.

Anwendung und Wirkungsweise

Der Fluorit hat die Eigenschaft, Energie anzuziehen und zum Fließen zu bringen. Er erzeugt keine eigene Energie, sondern nimmt diese aus dem Wasser auf. Dabei strömt sie in das eine Ende des Fluorits ein. Er wächst meist in langen Adern und gibt diese von Molekül zu Molekül weiter, wobei sich die ursprüngliche Energie verstärkt und die Fließgeschwindigkeit erhöht. Sie tritt am anderen Ende des Fluorits wieder aus. Da der menschliche Körper auch zum großen Teil aus Wasser besteht, kann der Fluorit daraus seine Energie gewinnen. Legen wir den Fluorit auf den Körper auf, wird die Schwingungsrate jeder Zelle beschleunigt und damit auch der gesamte Stoffwechsel. Dadurch kommt es zu starken Umwandlungsprozessen mit schnellen Veränderungen. Dies kann z.B. nützlich sein, um Giftstoffe aus dem Körper herauszuziehen und die ausleitenden Organe zu entlasten. Wegen seines hohen Fluoranteils ist er vor allem bei Fluormangelerkrankungen und Zahnverfall geeignet. Er kann als Mundwasserelixier verwendet werden. Bei Arthritis können Bäder mit Fluorit-Elixier (siehe Seite 132) die Beschwerden mildern.

Aufgrund seiner kristallinen Struktur trägt er die Pyramidenenergie in sich und kann diese auf den Menschen übertragen. Er hat eine sehr hohe spirituelle Wirkung und hilft uns, auf dem Weg der Bewußtheit voranzuschreiten. Er verbindet das Geistige mit dem Irdischen und öffnet uns für die nicht mitteilbaren Wahrheiten kosmischer Zusammenhänge.

Granat

Chakra:	*Wurzel*
Mineralgruppe:	*Granat*
Farbe:	*rot*
Härtegrad:	*7,0 -7,5*
Spez. Gewicht:	*3,65 -3,8*
Lichtbrechung:	*1,74 -1,75*
Kristallsystem:	*kubisch*
Durchsichtigkeit:	*durchsichtig, halbdurchsichtig*
Chemische Zusammensetzung:	$Mg_3Al_2(SiO_4)_3$ *Magnesiumtonerdesilikat*
Hauptvorkommen:	*Madagaskar, Arizona, Südafrika, USA*

Historie

Die Bezeichnung Granat wird entweder von dem lateinischen Wort *granum* für *Korn* abgeleitet, weil sie in kleinen kugelförmigen Kristallen im Muttergestein vorkommen, oder von der prächtigen Farbe des Granatapfels. Granat bezeichnet eigentlich eine ganze Gruppe von Mineralien, die eine ähnliche Zusammensetzung und Struktur haben. Sie werden unterteilt in den violett-roten *Almandin,* den grünen *Demantorit,* den violetten *Spessartin,* den grünen *Uwarowit,* den gelben *Hessonit,* den dunkelroten *Pyrop,* den schwarzen *Magnetit* und den dunkelroten *Hämatit.*

Spricht man von einem Granat, so ist meistens jedoch, wie auch hier, der rote Pyrop gemeint. Da seine Farbe zuweilen feuerrot sein kann, erhielt er den Beinamen der Feurige. Die rote Farbe der Granate entsteht durch Eisen oder Mangan. Die Granate waren schon im Altertum als Schmucksteine sehr beliebt. Sie trugen früher den Namen Karfunkelstein.

Körperliche Heilwirkung

bei streßbedingten Herzerkrankungen, wie z.B. Herzrasen, bei Anämie, Kreislaufstörungen, Erkrankung der Geschlechtsorgane, aphrodisierend, begünstigen die Fruchtbarkeit, bei Störungen der Leber und Milz

Psychische Heilwirkung
schenkt Selbstvertrauen, löst Blockaden im Sexualbereich, hilft bei Depressionen.

Anwendung und Wirkungsweise
Der Granat verstärkt die Durchblutung der Unterleibsorgane und eignet sich daher auch sehr gut während der Schwangerschaft, weil dadurch die Sauerstoffversorgung des Kindes erheblich verbessert wird. Gleichzeitig hat er eine anregende Wirkung auf unsere Fortpflanzungsorgane und löst Blockaden im Sexualbereich, steigert die Sexualkraft und weckt die Sinnlichkeit. Für alle diese Fälle ist es zu empfehlen, den Granat direkt auf das Wurzel-Chakra aufzulegen.

Bei Verletzungen wirkt er antiseptisch, fördert die Zellerneuerung und kann direkt auf die Wunde aufgelegt werden. Bei Herzerkrankungen sollte er in Höhe des Herzchakras getragen werden, wodurch es zu einer allgemeinen Beruhigung des Herzens kommt. Bei Stoffwechselerkrankungen ist es ratsam, ihn in Höhe der Milz zu tragen.

Der Granat schenkt Selbstvertrauen, neue Lebenskraft, Mut und stärkt die Willenskraft. Er ist vor allem für Menschen geeignet, die wenig Antriebskraft besitzen. Aber all diejenigen, die sehr emotional reagieren, sollten den Granat besser meiden, weil er zuweilen die Aggressivität und Streitsucht fördert.

Hämatit

Chakra:	Wurzel
Mineralgruppe:	Granat
Farbe:	bräunlichrot, metallisch schwarz
Härtegrad:	5,5 -6,5
Spez. Gewicht:	5,2 -5,3
Lichtbrechung:	keine
Kristallsystem:	trigonal
Durchsichtigkeit:	undurchsichtig
Chemische Zusammensetzung:	Fe_2O_3 Eisenoxid
Hauptvorkommen:	England, Deutschland, Brasilien

Historie
Der Hämatit hat eine metallisch schwarze Farbe mit silbrigem Glanz und besteht aus kristallisiertem Eisenoxid. Dadurch, daß er während des Schleifvorganges das Schleifwasser rot färbt, bekam er den Namen *Blutstein*. Hämatit leitet sich von dem griechischen Wort *haima* für Blut ab.

Körperliche Heilwirkung
fördert die Blutbildung von roten und weißen Blutkörperchen, hilft bei Anämie, Blutungen, Wadenkrämpfen, Blasen- und Nierenleiden.

Psychische Heilwirkung
gibt Kraft bei starken Belastungen, fördert die Rekonvaleszens, entspannt.

Anwendung und Wirkungsweise
Der Hämatit eignet sich hervorragend zur Rekonvaleszens nach schweren Erkrankungen. Hierfür sollte er als Anhänger an einem Band getragen werden. Bei Abzessen, Blasen- und Nierenleiden hilft es, den Hämatit auf die betreffenden Körperstellen aufzulegen.

Heliotrop

Chakra:	*Wurzel*
Mineralgruppe:	*Quarz*
Farbe:	*grün mit roten Flecken*
Härtegrad:	*7*
Spez. Gewicht:	*2,6 -2,65*
Lichtbrechung:	*1,54*
Kristallsystem:	*trigonal*
Durchsichtigkeit:	*undurchsichtig*
Chemische Zusammensetzung:	SiO_2 + *Fe* *Kieselsäure*
Hauptvorkommen:	*Indien, Sibirien, Australien*

Historie
Der Heliotrop ist ein grüner Chalzedon mit roten Flecken, die aus Eisenoxid oder Jaspis bestehen und wie Blutstropfen aussehen. Dieses Erscheinungsbild gab ihm auch die Bezeichnung Blutstein oder Blutjaspis. Der Name Heliotrop stammt von dem griechischen Wort *helios* für Sonne und *tropus* für Wendung ab und bedeutet der Sonnenwender, weil der Stein im Altertum aus Nordägypten, dem Wendekreis der Sonne bezogen wurde.

Körperliche Heilwirkung
bei Leber- und Nierenerkrankungen, Blutungen, Unterleibsbeschwerden.

Psychische Heilwirkung
kräftigt, schenkt Selbstvertrauen, fördert die spirituelle Entwicklung.

Anwendung und Wirkungsweise
Der Heliotrop hat großen Einfluß auf unser Wurzelchakra. Er besitzt eine heilende Wirkung auf Hoden, Eierstöcke, Gebärmutter und sollte bei Beschwerden direkt auf das Wurzelchakra aufgelegt werden. Er wirkt blutstillend und kann auf Wunden direkt aufgelegt werden.

Jade

Chakra:	Herz
Mineralgruppe:	Jade
Farbe:	grün
Härtegrad:	6,5 -7
Spez. Gewicht:	3,2 -3,3
Lichtbrechung:	1,66 -1,68
Kristallsystem:	monoklin
Durchsichtigkeit:	durchscheinend
Chemische Zusammensetzung:	Na Al (SiO$_3$)$_2$ Natrontonerdesilikat
Hauptvorkommen:	Burma, China, Tibet, Mexiko USA, Japan

Historie

Sprechen wir von Jade, so meinen wir meist den grünen Jadestein, dessen Wirkungsweise hier beschrieben werden soll, obwohl sie auch in anderen Farben, wie z.B. blau, rot, orange und gelb vorkommt.

Er besteht aus ineinander verwachsenen Kristallen, die ihm seine Festigkeit geben. Chrom und Eisen sind für die grüne Farbgebung verantwortlich. Er gehört mit zu den härtesten Steinen, aus denen bereits im Altertum Waffen, Speerspitzen und Messer angefertigt wurden. Im Orient, wo er schon früh als heiliger Stein verehrt wurde, schnitzte man riesige Bilder und Figuren von Göttern, Menschen, Drachen und Tieren aus Jade. Sein Name wird von dem spanischen Wort *piedra de ijada* abgeleitet und bedeutet *Stein der Seite,* weil er bei Nierenleiden half.

In China wurde er zur Stärkung des Körpers angewandt um die Fruchtbarkeit des Mannes zu fördern und steht symbolisch für Mut, Gerechtigkeit, Gnade, Bescheidenheit und Weisheit. Nicht selten wurden mehrere Jade-Anhänger an einem Gürtel getragen, die schön klangen, wenn sie durch die Bewegung aneinanderstießen. Diesen Effekt machten sich auch Tänzerinnen zunutze, indem sie Fußketten aus Jade trugen.

Körperliche Heilwirkung
bei Nierenerkrankungen, Koliken und Brechreiz während der Schwangerschaft, bei Geburtsschmerzen, zur Blutreinigung, Kräftigung des Immunsystems und zur Stärkung der Sehkraft.

Psychische Heilwirkung
ausgleichend, beruhigend, zur Meditation.

Anwendung und Wirkungsweise
Jade hat eine starke Verbindung zu unserem Herzchakra. Sie hat einerseits eine beruhigende Wirkung auf das Herz, andererseits eine blutreinigende und entlastende Eigenschaft auf Herz, Leber und Milz und sollte zu diesem Zweck auf das Herzzentrum aufgelegt werden. Jade eignet sich auch sehr gut als Handschmeichler. Durch die Berührung mit dem Stein können wir spüren, wie die beruhigende Wirkung der Jade auf uns übergeht.

Jade ist vor allem als Meditationsstein bekannt erzeugt in uns die göttliche, bedingungslose Liebe und symbolisiert den Weg der Hingabe. Er verstärkt in uns Opferbereitschaft und selbstlose Hingabe. Mit seiner Hilfe gelingt es uns, bis auf den Kern unserer Probleme vorzudringen und Einsichten in sonst verborgene Wahrheiten zu erlangen. Jade ist der Stein des Friedens und der Weisheit.

Jaspis

Chakra:	*Wurzel*
Mineralgruppe:	*Chalzedon*
Farbe:	*rot, gelb, grün, bläulich, braun, schwarz*
Härtegrad:	*7*
Spez. Gewicht:	*2,65*
Lichtbrechung:	*1,54*
Kristallsystem:	*trigonal*
Durchsichtigkeit:	*halbdurchsichtig, undurchsichtig*
Chemische Zusammensetzung:	SiO_2 *Kieselsäure*
Hauptvorkommen:	*Deutschland, Ägypten, Ural, USA, Frankreich, Indien*

Historie

Der Jaspis zähltc früher mit zu den kostbarsten Steinen und trägt den Namen Mutter aller Edelsteine. Griechen und Römer kannten ihn vor allem als Amulett oder Siegelstein und sprachen ihm stark mystische Eigenschaften zu. Sie verwendeten ihn als Schutzstein gegen Dämonen, wilde Tiere und Hexerei.

Jaspis besteht aus einem Gemisch aus Chalzedon und Quarz und kommt je nach eingelagerten Mineralien in unterschiedlichen Farbtönen vor. Er ist in Spalten und Hohlräumen anderer Gesteine eingelagert. Es gibt den grünen Jaspis, der auch Heliotrop genannt wird und gesondert beschrieben ist, den Bandjaspis, der verschiedenfarbige Streifen ausgebildet hat, den braunen Bilderjaspis und den gelben Jaspis.

Körperliche Heilwirkung
Der rote Jaspis eignet sich besonders zur Geburtserleichterung, bei Gebärmutter- und Eileitererkrankungen, Brechreiz während der Schwangerschaft, bei Epilepsie und zur Verbesserung des Gehör- und Geruchsinnes. Der gelbe Jaspis wirkt vor allem auf die Bauchspeicheldrüse und die Thymusdrüse.
Der braune Bilderjaspis eignet sich vor allem zur Stäkung des Immunsystems und bei Nierenerkrankungen.

Psychische Heilwirkung
Der rote Jaspis stärkt den Willen und fördert die Erdverbundenheit.
Der gelbe Jaspis fördert das spirituelle Wachstum und verstärkt die Hellsichtigkeit.

Anwendung und Wirkungsweise
Der Jaspis bewirkt keine schnellen Veränderungen. Er wirkt langsam auf unseren Körper ein und harmonisiert unsere Körperenergien.
Der rote Jaspis wirkt stärkend auf unsere Sexualorgane und beseitigt Disharmonien in diesem Bereich. Er beschleunigt den Geburtsvorgang verhilft zu einem regelmäßigen Monatszyklus, nimmt den Menstruationsschmerz und reguliert die Verdauung. Es kann hilfreich sein, ihn an einer Kette im Hüftbereich zu tragen. Als Kette um den Hals getragen wirkt er auch auf den Kopfbereich. Er kräftigt die Gehörfunktion und sensibilisiert unsere Geruchsnerven. Durch seine Fähigkeit, negative Kräfte aufzunehmen, kann es zu Trübungen kommen. Der Stein muß dann dringend gereinigt und neu aufgeladen werden. Der Jaspis verkörpert Kraft und Vitalität, die wir uns durch Zubereitung eines Jaspis-Elixirs zunutze machen können. Dazu legen wir den Stein zwei bis drei Tage in Quellwasser, wodurch sich seine Heilschwingung auf das Wasser überträgt, und trinken anschließend mehrmals täglich von diesem Wasser.

Karneol

Chakra:	Bauch
Mineralgruppe:	Chalzedon
Farbe:	rotbraun, rot, orange
Härtegrad:	6,5-7
Spez. Gewicht:	2,6-2,65
Lichtbrechung:	1,54-1,55
Kristallsystem:	trigonal
Durchsichtigkeit:	durchscheinend
Chemische Zusammensetzung:	SiO_2 Kieselsäure
Hauptvorkommen:	Indien, Brasilien, Uruguay, Südwestafrika, Japan, Sibirien

Historie

Der Karneol ist ein roter, braunroter oder orangener Stein und gehört zu der Gruppe der Chalzedone. Farbgebende Substanz ist das Eisenoxid. Seine bläuliche Variante ist unter dem Namen *Sarder* bekannt.

Der Karneol ist einer der ältesten Schmucksteine, den selbst die Pharaonen trugen um sich mit ihm zu schmücken. Er wurde als magischer Stein verehrt, und jeder kannte seine blutstillende Eigenschaft. In Ägypen wurde er als Beigabe in den Gräbern gefunden, wo er die Aufgabe hatte, den Toten im Jenseits zu beschützen.

Durch längere Sonneneinstrahlung können sich anfangs bräunliche Steine rötlich färben. Unechte Karneole werden aus Achaten hergestellt, indem sie in einer Eisennitratlösung gekocht und anschließend gebrannt werden. Der Name Karneol stammt von dem lateinischen Wort *carneus* ab und bedeutet *fleischfarben*.

Körperliche Heilwirkung

blutstillend, bei Bluthochdruck, Neigung zu Krampfadern, entlastet Leber, Galle und Darmtrakt.

Psychische Heilwirkung
bei Lethargie, Depressionen, Antriebsschwäche.

Anwendung und Wirkungsweise
Der Karneol hat aufgrund seines Eisengehaltes eine blutstillende und blutreinigende Eigenschaft. Er verbessert die Sauerstoffversorgung im Körper, fördert die Durchblutung, löst Blutstaus und senkt den Blutdruck. Er hilft uns bei der Verwertung und Umsetzung der Nahrung, regt die Leberfunktion an und entlastet dadurch Leber und Galle. Es empfiehlt sich, den Karneol an einem Band um den Hals zu tragen. Bei Lebererkrankungen kann der Leberbereich mit Hilfe des Steins massiert werden, wodurch eine Giftausscheidung über die Leber angeregt wird. Er hilft auch denjenigen, die zu Krampfadern neigen. Das Bein kann in dem entsprechenden Bereich vorsichtig in kreisenden Bewegungen von unten nach oben mit dem Karneol massiert werden. Bei Infektionskrankheiten, die mit Fieber verbunden sind, wird er auf das sogenannte dritte Auge, zwischen die Augenbrauen, gelegt.

Der Karneol ist ein Kraftstein, der unsere Lebensenergie weckt, die Liebesempfindungen verstärkt und intensiviert. Er hilft passiven, zu Lethargie neigenden Menschen, eine gewisse Unruhe und Neugierde zu entwickeln, aufgrund derer sie sich in einen tätigen Menschen verwandeln. Der Karneol ermuntert uns, sich nicht einfach mit dem zufriedenzugeben, was wir bisher erreicht haben, und weckt unsere Kreativität. Verborgene Fähigkeiten gelangen durch ihn ans "Tageslicht" und helfen uns, unseren Weg zu finden. Er weckt unser Interesse und lenkt die Aufmerksamkeit auf das Hier und Jetzt und sollte bei Antriebslosigkeit an einem Band um den Hals getragen werden.

Der Karneol ist nicht für aktive Menschen geeignet, die sich in ihrem Tun ohnehin schon überschlagen.

Koralle

Chakra:	*Wurzel*
Mineralgruppe:	*organisch*
Farbe:	*rot, rosa, weiß, schwarz*
Härtegrad:	*3,5*
Spez. Gewicht:	*2,6-2,7*
Lichtbrechung:	*1,49*
Kristallsystem:	*--*
Durchsichtigkeit:	*undurchsichtig*
Chemische Zusammensetzung:	*$CaCO_3$ Kalziumcarbonat*
Hauptvorkommen:	*Italien, Tunesien, Algerien, kanarische Inseln, Japan*

Historie

Korallen wachsen auf dem Meeresgrund, dort wo das Wasser nicht zu kalt und noch genügend Sauerstoff vorhanden ist. Sie wurden früher als Steine des Meeres angesehen, sind jedoch in Wirklichkeit kleine Polypen, die durch ihre weichen Fußscheiben Kalksubstanzen ausscheiden und so ständig ihre Bauwerke von meist acht kleinen Ärmchen oder Zweigen erweitern. Sie stehen meist dicht aneinander und wachsen zu richtigen Korallenbänken zusammen. Sie können eine Höhe von bis zu 50 cm erreichen. Die Korallenfischer fahren mit ihren Booten und Spezialnetzen auf das Meer hinaus und holen sie aus 50-200 Meter Tiefe herauf. Dazu werden die Netze beschwert und so über den Meeresboden gezogen, daß sie sich in den Korallenbänken verfangen und diese abreißen. Hauptzentrum der Korallenfischerei ist das italienische Hafenstädtchen Torre del Greco, im Golf von Neapel.

Im Altertum wurden Korallen als Amulett gegen weltlichen Kummer getragen. Außerdem sollten sie vor Dürre und Hagelschlag bewahren. Das Korallenpulver gab es früher in jeder Apotheke. Zum einen sollte es Kleinkindern das Zahnen erleichtern, zum anderen vor dem sogenannten *bösen Blick* beschützen.

Körperliche Heilwirkung
bei Blutarmut, Knochenverkalkung, Hautunreinheiten, zur Herzberuhigend, bei Unfruchtbarkeit, Fieber, Zahnfleischentzündungen, Augenleiden.

Psychische Heilwirkung
aufbauend, harmonisierend, gegen Depressionen und Melancholie.

Anwendung und Wirkungsweise
Die Koralle ist ein Symbol für Lebensenergie. Vor allem die rote Koralle wirkt auf unser Sexualzentrum anregend und fördert die Fruchtbarkeit. Es empfiehlt sich, genauso wie bei Brechreiz und Kinderkrankheiten, pulverisierte Koralle einzunehmen. Korallen stärken Herz und Kreislauf, lindern die Anämie, verbessern die Durchblutung und fördern die Konzentrationsfähigkeit. Sie wirken auch ganz stark auf unser Gemüt, beseitigen Unausgeglichenheit und Melancholie und geben uns unsere Lebensfreude zurück. Bei all diesen Beschwerden empfiehlt sich das Tragen von Korallenketten oder Ringen. Sie sollten, entsprechend ihrer Herkunft, in Salzwasser gereinigt werden.

Korallen ähneln in ihrem Aufbau unseren Knochen und haben eine stärkende Wirkung auf die gesamte Wirbelsäule sowie alle anderen Knochen und Beschwerden, die damit in Zusammenhang stehen. Die Form der Koralle ähnelt dagegen mehr den Blutgefäßen. Sie regen daher die Bildung der weißen und roten Blutkörperchen an und verbessern die Nahrungsmittelverwertung.

Kunzit

Chakra:	*Herz*
Mineralgruppe:	*Spodumen*
Farbe:	*rosa-rosaviolett*
Härtegrad:	*6-7*
Spez. Gewicht:	*3,2*
Lichtbrechung:	*1,66-1,67*
Kristallsystem:	*monoklin*
Durchsichtigkeit:	*durchsichtig*
Chemische Zusammensetzung:	*Li Al(SiO$_3$)$_2$ Lithiumtonerdesilikat*
Hauptvorkommen:	*USA, Brasilien, Madagaskar*

Historie
Der Kunzit wurde von dem amerikanischen Edelsteinforscher *George Frederick Kunz* in Südkalifornien entdeckt und nach ihm benannt. Er gehört zu der Gruppe der Spodumen und hat die besondere Eigenschaft dem Betrachter, je nachdem von welcher Seite er den Kristall ansieht, verschiedene Farbtöne erkennen zu lassen.

Körperliche Heilwirkung
herzstärkend, durchblutungsfördernd, bei Schulter- und Nackenverspannungen, Alkoholismus, Epilepsie, Magersucht.

Psychische Heilwirkung
fördert die Liebesfähigkeit, schenkt Ausdauer und Beständigkeit.

Anwendung und Wirkungsweise

Kunzit ist ein Stein des Herzens und lehrt uns toleranter gegen uns selbst und andere zu sein. Er zeigt innere Blockaden auf und hilft uns, diese durch ein grosses Maß an Disziplin und Beharrlichkeit zu lösen. Dadurch schenkt er uns mehr Harmonie und inneren Frieden. Kunzit ist vor allem für sehr sprunghafte Menschen geeignet, denen es schwerfällt, eine Sache zuende zu bringen.

Auf der physischen Ebene hat er die Eigenschaft, den Blutfluß zu beschleunigen. Er bietet sich insbesondere an bei Durchblutungsstörungen oder zum Beschleunigen von Entgiftungsprozessen über das Blut. Durch die Erhöhung der Fließgeschwindigkeit des Blutes wird auch der Sauerstoffgehalt des Blutes erheblich verbessert. Unterstützend dazu streichen wir den Kunzit am besten entlang der Arme oder Beine in Richtung des Herzens. Er sollte jedoch nie längere Zeit auf eine Stelle gehalten werden, weil dies zu einer Blutansammlung führen kann.

Kunzit besitzt einen sehr hohen Lithiumgehalt und eignet sich daher auch gut zur unterstützenden Therapie bei Alkoholismus, Magersucht, Epilepsie und Schizophrenie sowie Schulterschmerzsyndromen. Es kann hilfreich sein, wenn wir bei diesen Symptomen ein Kunzit-Elixier bereiten, indem wir den gereinigten und aufgeladenen Stein mindestens einen Tag in Quellwasser legen und anschließend schluckweise über den Tag verteilt trinken.

Bei Schulter- und Nackenverspannungen hilft ein leichtes Massieren des Bereiches mit diesem Stein.

Lapislazuli

Chakra: Stirn
Mineralgruppe: Lapislazuli
Farbe: ultramarin, hellblau, graublau
Härtegrad: 5-6
Spez. Gewicht: 2,5
Lichtbrechung: 1,50
Kristallsystem: kubisch
Durchsichtigkeit: undurchsichtig
Chemische Zusammensetzung: $Na\,Al(SiO_3)_2$ Natrontonerdesilikat
Hauptvorkommen: Afghanistan, Chile, Rußland

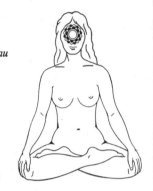

Historie

Lapislazuli ist auch unter dem Namen Lasurstein bekannt. Sein Name wird abgeleitet von dem lateinischen Wort *lapis, der Stein* und dem arabischen Wort *azul* für *blau*. Oftmals sind in dem Stein kleine goldglänzende Pyritkristalle zu sehen, die Assoziationen an einen nachtblauen Sternenhimmel wecken. So wurde er früher von den Ägyptern auch *Stein des Himmels* genannt.

Lapislazuli besteht aus fünf verschiedenen Mineralien, die ihn eigentlich zu einem Gestein machen. Dennoch gehört er mit zu den ältesten Schmucksteinen überhaupt, aus denen häufig Siegelsteine, Kugelketten, Ringe und Tierfiguren hergestellt wurden. Selbst in Kirchen wurde er als Altarschmuck in Ornamente eingearbeitet. Durch Pulverisierung des Lasursteines wurde früher die ultramarine Farbe gewonnen, die auch heute noch auf alten Gemälden zu sehen ist.

Körperliche Heilwirkung

Lapislazuli wirkt vor allem auf den Halsbereich. Dazu gehören Mandelentzündungen, Kehlkopfkatarrhe und Bronchitis. Außerdem erhöht er die Sauerstoffzufuhr des Blutes, hilft bei Allergien, Entzündungen, Menstruationsbeschwerden, Warzen, Fieber und wirkt blutdrucksenkend.

Psychische Heilwirkung
er hat eine harmonisierende Wirkung, stärkt den Gemeinschaftssinn, beruhigt die Seele, fördert die geistige Klarheit, bei Depressionen, Schlaflosigkeit, Melancholie und Übererregbarkeit.

Anwendung und Wirkungsweise
Die blaue Farbe des Steines hat ein stark beruhigende Wirkung auf uns. Lapislazuli ist ein sehr guter Meditationsstein, der schon früher zu den heiligen Steinen der ägyptischen Priester zählte. Allein die Konzentration auf den Stein bewirkt eine geistige Klarheit, vermittelt uns ein Vertrauen in die göttliche Führung und hilft uns, unseren eigenen Weg zu finden.

Lapislazuli schenkt uns keine zusätzliche Energie, sondern ruft die im verborgenen schlummernden Kräfte wach. Je länger wir diesen Stein tragen, desto stärker ist diese Energie spürbar. Er hilft dem Schüchternen, Introvertierten, sich zu öffnen, stärkt seine Willenskraft und bringt Körper, Seele und Geist in Harmonie.

Bei Schmerzen, Entzündungen und Insektenstichen sollte er auf die entsprechenden Körperbereiche aufgelegt werden, um dort seine antiseptischen, desinfizierenden, schmerzstillenden und kühlenden Eigenschaften zu entfalten. Giftstoffe werden von ihm angezogen und absorbiert. Daraus ist der Brauch entstanden, immer ein Stück Lapislazuli im Kühlschrank aufzubewahren.

Zur Verbesserung der Sehkraft und bei Augenentzündungen wird der Lapislazuli etwa $1/2$ Stunde in Quellwasser gelegt und anschließend für das Augenbad verwendet. Bei Halsentzündungen ist es sehr gut, mit diesem Wasser zu gurgeln. Warzen können ebenfalls mit diesem Wasser betupft werden.

Magnesit

Chakra:	*alle*
Mineralgruppe:	*Magnesit*
Farbe:	*farblos, weiß, gelb, braun*
Härtegrad:	*3,5-4,5*
Spez. Gewicht:	*3,0-3,2*
Lichtbrechung:	*1,50-1,71*
Kristallsystem:	*trigonal*
Durchsichtigkeit:	*durchscheinend*
Chemische Zusammensetzung:	$MgCO_3$ *Magnesiumcarbonat*
Hauptvorkommen:	*Toskana, Südural, Polen, Deutschland, Kalifornien*

Historie
Der Name Magnesit stammt entweder von der griechischen Insel *Euböa*, wo dieser Stein das erste Mal gefunden wurde, oder ist auf seinen hohen Magnesiumgehalt zurückzuführen. Die verschiedenen Färbungen werden durch Eisen, Mangan oder Calcium hervorgerufen.

Körperliche Heilwirkung
stärkt Herz und Leber, hilft bei Verspannungen, Schmerzzuständen, Wechseljahrsbeschwerden, Magen-Darmkatarrhen, beruhigt die Nerven.

Psychische Heilwirkung
bei Erschöpfungszuständen, Unruhe, Unausgeglichenheit.

Anwendung und Wirkungsweise
Der Magnesit harmonisiert das innere Gleichgewicht, hilft uns in Streßsituationen Ruhe zu bewahren, und sollte an einem Band in Höhe des Herzens getragen werden. Bei Schmerzzuständen und Magen-Darmkatarrhen ist es sinnvoll, den Magnesit auf die betroffenen Körperstellen aufzulegen.

Malachit

Chakra:	*Herz*
Mineralgruppe:	*Malachit*
Farbe:	*dunkel-smaragdgrün*
Härtegrad:	*3,5 -4*
Spez. Gewicht:	*4*
Lichtbrechung:	*1,70 -1,90*
Kristallsystem:	*monoklin*
Durchsichtigkeit:	*undurchsichtig*
Chemische Zusammensetzung:	$Cu_2CO_3(OH)_2$ *Kupfercarbonat*
Hauptvorkommen:	*Südwestafrika, Ural, Chile, Kongo, Arizona, Australien*

Historie

Der Name Malachit kommt aus dem Lateinischen und bedeutet der *Malvenfarbene*. Aufgrund seiner interessanten Streifenmusterung, die sich wie Wellenbewegungen durch den Stein ziehen, ist er als Schmuckstein sehr begehrt.

Seine Musterung entsteht durch den Aufbau verschiedenfarbiger Lagen übereinander. Die grüne Farbgebung entsteht durch Kupfererze. Oft wird er in Gesellschaft des Azurits in Kupferlagerstätten gefunden.

Der Malachit gilt als einer der ältesten Heilsteine überhaupt. Schon im Mittelalter wurde er in pulverisierter Form als Brechmittel bei Schmerzen und Koliken eingesetzt. Die Ägypterinnen verwendeten ihn zum Färben der Augenlider, oder trugen ihn als Schutz gegen äußere Einflüsse.

Körperliche Heilwirkung

bei Asthma, Bronchitis, Koliken, Schmerzen, Menstruationsbeschwerden, Epilepsie, Herzkrämpfen, Vergiftungen, Wunden und Zahnschmerzen, er fördert die Milchbildung, das Wachstum, hilft bei Krebs im Vorstadium und bei Strahlenschäden.

Psychische Heilwirkung
fördert die Kreativität, hilft bei der Lösung von Problemen.

Anwendung und Wirkungsweise
Der Malachit hat das Bestreben, den Ablauf der Körperfunktionen zu harmonisieren und ins Gleichgewicht zu bringen. Durch Auflegen des Steines auf die betreffenden Körperbereiche werden krankmachende Energien aus dem Körper herausgezogen. Seine wachstumsfördernden Eigenschaften wirken sich während der Schwangerschaft positiv auf den Fötus aus. In der Stillzeit regt er die Milchbildung an.

Herzverkrampfungen, die durch Streßsituationen oder Fehlverhalten gegenüber unseren Mitmenschen entstanden sind, können durch das Auflegen des Steines aufgelöst werden. All jene, die durch die Umwelt oder ihren Beruf erhöhten Strahlenbelastungen ausgesetzt sind, sollten diesen Stein tragen.

Der Malachit bringt Bewegung in unser Leben, fördert die eigene Kreativität und bringt Bewußtseinsprozesse in Gang, die eine Umwandlung unserer Lebensgewohnheiten mit sich bringen. Er wirkt auf uns als Spiegel unserer Selbst und zeigt uns unsere ganz persönlichen Schwachstellen auf. Sind wir offen für seine Botschaft, können wir durch diese Art der Innenschau zu einem gewaltigen geistigen Wachstum beitragen.

Der Malachit kommt auch in Verbindung mit dem Azurit vor, heißt dann Azurit-Malachit, wodurch er ein schönes blau-grün marmoriertes Aussehen bekommt. Die Heilwirkungen beider Steine bleiben erhalten. Der Azurit wird jedoch durch diese Verbindung etwas geschwächt.

Mondstein

Chakra:	*Bauch*
Mineralgruppe:	*Feldspat*
Farbe:	*gelb, farblos mit blauem Lichtschein*
Härtegrad:	*6-6,5*
Spez. Gewicht:	*2,58-2,62*
Lichtbrechung:	*1,52-1,53*
Kristallsystem:	*monoklin*
Durchsichtigkeit:	*durchsichtig, durchscheinend*
Chemische Zusammensetzung:	*$K\,Al(SiO_3)_2$ Kalitonerdesilikat*
Hauptvorkommen:	*Sri Lanka, Brasilien, Burma, Australien, Indien*

Historie
Der Mondstein erhielt seinen Namen aufgrund vieler Assoziationen mit dem Mond. Seine Farbe und der durch das Schleifen entstehende weißliche Schimmer erinnert an das Strahlen des Mondes. Auch in früheren Kulturen sah man eine Verbindung zum Mond und verehrte ihn als magischen Stein. Es wurde angenommen, daß diejenigen, die ihn besaßen, die Mondgöttin freundlich stimmten. Arabische Frauen nähten ihn sich in ihre Kleider ein, um dadurch die Fruchtbarkeit zu erhöhen.

Körperliche Heilwirkung
bei Frauenleiden, zur Erleichterung der Geburt, Beschwerden in den Wechseljahren, Milz- und Bauchspeicheldrüsenerkrankungen, Geschwüren im Magen-Darmtrakt, Verdauungsbeschwerden, Wirbelsäulenerkrankungen, Wassersucht.

Psychische Heilwirkung
fördert die spirituelle Entwicklung, löst Spannungen im Unterleib auf, bei Angst, Streß und Unruhe.

Anwendung und Wirkungsweise
Der Mondstein fördert das weibliche Element in uns und ist daher gut für Frauen geeignet, bei denen die männliche Komponente überwiegt. Bei allen Frauenleiden, wie z.B. Unfruchtbarkeit, Hormonstörungen, Beschwerden im Unterleib, empfiehlt es sich, den Stein auf den Unterleib aufzulegen. Er kann aber auch als Kette um den Hals getragen werden. Während der Geburt kann es hilfreich sein, die Kraft des Mondsteines zu spüren, imdem wir ihn in der Hand halten. Viele haben beobachtet, daß sich seine Farbe innerhalb der Mondphasen verändert, was bedeuten würde, daß er einen großen Einfluß auf einen regelmäßigen Zyklus der Frau hat.

Zusätzlich können wir uns auch ein Mondelixier bereiten. Dazu legen wir den Stein am besten in einer Vollmondnacht in ein Glas mit Quellwasser und trinken dies am nächsten Tag schluckweise über den Tag verteilt.

Auch Schwellungen der Lymphe können durch Auflegen des Steines gelindert werden. Durch seine Fähigkeit dem Gewebe Wasser zu entziehen, ist er sehr gut gegen Wassersucht geeignet. Bei Wirbelsäulenerkrankungen sollte er auf die entsprechenden Wirbel aufgelegt werden.

Auf der mentalen Ebene wirkt er ausgleichend, ruft aber keine großen Veränderungen hervor. Er vermittelt demjenigen, der sich öffnet, ein Bild dessen was ist, und wie er selbst in Bezug zu seiner Umgebung steht.

Onyx

Chakra:	*alle*
Mineralgruppe:	*Chalzedon*
Farbe:	*schwarz, schwarz-weiß gebändert*
Härtegrad:	*7*
Spez. Gewicht:	*2,58-2,64*
Lichtbrechung:	*1,54-1,55*
Kristallsystem:	*trigonal*
Durchsichtigkeit:	*undurchsichtig*
Chemische Zusammensetzung:	SiO_2 *Kieselsäure*
Hauptvorkommen:	*Brasilien, Indien, Madagaskar*

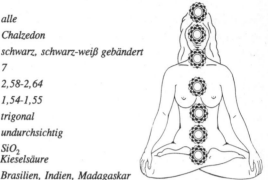

Historie

Onyx stammt von dem griechischen Wort *onychos* ab und wird mit *Nagelstein* übersetzt, vielleicht nicht zuletzt deshalb, weil er u.a. eine stärkende Wirkung auf unsere Nägel hat.

Der schwarze Onyx kommt in der Natur nur sehr selten vor. Deshalb ging man schon früh dazu über, ihn schwarz einzufärben. Hierzu wurde er einige Stunden in eine Honiglösung gelegt und anschließend über dem Feuer erhitzt. Durch das Verkohlen des im Honig enthaltenen Zuckers entstand eine Schwarzfärbung.

Körperliche Heilwirkung

stärkt Knochen und Zähne sowie die körpereigenen Abwehrkräfte, Nägel, Haare, Haut, Nerven, Herz und Bauchspeicheldrüse.

Psychische Heilwirkung
verleiht innere Stärke, Ausdauer, Widerstandskraft und macht bodenständig.

Anwendung und Wirkungsweise
Durch das Tragen des Onyx findet eine bessere Vitalstoffverwertung der Vitamine B und E in unserem Organismus statt. Dies hat wiederum eine positive Auswirkung auf unsere Nägel, Haare und Nerven. Legen wir ihn auf den Solarplexus, wird die Bauchspeicheldrüse gestärkt. Bei tränenden Augen ist es empfehlenswert, den Onyx eine Weile in Quell- wasser zu legen und anschließend damit die Augen zu betupfen.

Auf Menschen, die sehr schnell unruhig und ängstlich sind, hat der Onyx eine beruhigende Wirkung. Er verstärkt die eigene Selbstbeherrschung, erhöht die Ausdauer und Widerstandskraft. Der Onyx hat auch eine bewußtseinserweiternde Eigenschaft, die hilft, eingefahrene Verhaltensweisen zu erkennen und jahrelange Gewohnheiten abzulegen.

Aufgrund dieser Eigenart kann er Rauchern eine unterstützende Hilfe sein, die oft fruchtlosen Versuche, sich das Rauchen abzugewöhnen, doch zum gewünschten Erfolg zu führen. Auch leichte Formen der Drogenabhängigkeit können mit Hilfe dieses Steines überwunden werden. Der Onyx fördert sowohl die Konzentration als auch die Gabe des Zuhörens und gilt als Stein, der uns empfänglich macht für *Gottes Wort*. So ist es vermutlich kein Zufall, daß wir ihn in den unterschiedlichsten Gebetsketten wiederfinden.

Opal

Chakra:	alle
Mineralgruppe:	Opal
Farbe:	milchigweiß mit regenbogenartigem Schillern
Härtegrad:	5,5-6,5
Spez. Gewicht:	2,15-2,25
Lichtbrechung:	1,43
Kristallsystem:	keines
Durchsichtigkeit:	durchsichtig, undurchsichtig
Chemische Zusammensetzung:	$SiO_2 * n\, H_2O$ wasserhaltige Kieselsäure
Hauptvorkommen:	Australien, Mexiko, USA, Ungarn

Historie

Der Name des Opal stammt von dem Sanskritwort *upala* ab und bedeutet soviel wie *edler Stein*. Er ist aus der Kraft des Wassers entstanden und besteht aus nicht kristallisierter Kieselsäure mit hohem Wassergehalt. Er ist sehr zerbrechlich und bekommt leicht Risse. Der Opal ist ein sehr geheimnisvoller Stein, der in allen Regenbogenfarben schillern kann. Plinius sagt, er ist die Vereinigung aller Edelsteine in einem. So vielfältig wie das Schillern ist auch die Bandbreite der Opale:

1. **Edelopale**

   Sie sind undurchsichtig und unterscheiden sich von den anderen Opalen durch ihr Farbspiel. Dieses Schimmern in allen Regenbogenfarben wird als opalisieren bezeichnet. Es entsteht durch Brechung und Zerlegung des Lichtes an den feinen Wassertropfen und Rissen im Stein. Ist die Luft trocken, kann der Stein die Fähigkeit des Opalisierens durch die Verdunstung des Wassers verlieren. Diese Eigenschaft kann aber durch feuchte Luft oder Einwickeln in feuchte Tücher wieder hergestellt werden.

2. **Die *gemeinen* Opale**
   Diese Gruppe der Opale ist undurchsichtig. Den hierzu zählenden Steinen fehlt jegliches Farbspiel. Sie können weiß, grau, grün, blau, rot, gelb oder schwarz sein. Als weiße Opale werden solche mit heller Grundfarbe bezeichnet, als schwarze Opale solche mit dunkler Grundfarbe. Graue Opale haben einen grauen Hintergrund mit bunten Farbtupfen und tragen aufgrund ihres Aussehens den Namen *Harlekinopal*.
3. **Die Feueropale**
   Diese Gruppe der Opale reicht von gelb bis rot und ist durchsichtig. Die hierzu zählenden Steine sind ab und zu opalisierend.

Von manchen Kulturen werden die Opale jedoch als Unglückssteine bezeichnet, weil sie glaubten, daß das Opalisieren des Steines mit Trug und Täuschung zu tun habe. Im Orient hingegen wurde er als Stein der Hoffnung verehrt und in Griechenland galt er als Stein, der den Geist der Wahrheit in sich trägt.

Körperliche Heilwirkung
so vielseitig wie seine Farben sind auch seine Anwendungen.

Psychische Heilwirkung
schenkt Vitalität, Kraft und verstärkt die Intuition.

Anwendung und Wirkungsweise
Die Edelopale wirken aufgrund ihres Farbspektrums auf alle Chakras. Die Wirkung der gemeinen Opale ist abhängig von ihrer Farbe. Viele von ihnen haben eine blutverbessernde Eigenschaft.
Bei der Arbeit mit Opalen ist jedoch Vorsicht geboten, weil sie die Negativität der menschlichen Gedanken aufnehmen und auf ihren Besitzer zurückstrahlen, d.h. der Träger wird mit seiner eigenen Negativität konfrontiert. Das Gleiche gilt aber auch für die positiven Gedankenkräfte.

Opal

Der Opal fördert unsere Kreativität, verleiht Antriebskraft und Vitalität. Er verstärkt sowohl positive als auch negative Charakterzüge. Menschen, die innerlich nicht sonderlich gefestigt sind, können allerdings Schwierigkeiten bekommen, ihre Mitte zu finden und sollten den Opal daher besser meiden.

Desweiteren besitzt er eine starke Kraft, die bis in unsere Träume hineingreifen kann. Er hilft uns, gedankliche Blockaden, die eventuell Ursache für körperliche Leiden sind, zu lösen und falsche Vorstellungen aufzugeben. Bei Organstörungen kann die Erinnerung an die Ursache der Krankheit verstärkt werden. Sicherlich kann dies nur ein langsamer Prozeß sein, der nicht von heute auf morgen geschieht. Nimmt man den Opal mit in den Schlaf, ist es ratsam, ihn neben sich zu legen. Er hilft auf diese Weise, sich auch noch morgens seiner Träume bewußt zu sein. Für spätere Betrachtungen kann es sehr nützlich sein, die Träume aufzuschreiben.

Es wird gesagt, daß Opale, die nicht zu ihrem Besitzer passen, häufig verlorengehen. Dies scheint ein Schutz für all jene zu sein, die sich den Opal einmal ausgewählt haben, obwohl er zum jetzigen Zeitpunkt gar nicht oder noch nicht geeignet ist.

Peridot

Chakra:	*Herz*
Mineralgruppe:	*Olivin, Chrysolith*
Farbe:	*olivgrün, gelbgrün*
Härtegrad:	6,5-7
Spez. Gewicht:	3,27-3,42
Lichtbrechung:	1,65-1,69
Kristallsystem:	*orthorhombisch*
Durchsichtigkeit:	*durchsichtig*
Chemische Zusammensetzung:	$(MgFe)_2(SiO_4)$ *Eisenmagnesiumsilikat*
Hauptvorkommen:	*Insel Seberget, Südafrika, Arizona*

Historie

Die Hauptfundstätte dieses Steines liegt auf der Insel Seberget im Roten Meer. Von dort brachten ihn die Kreuzfahrer mit nach Europa. Noch heute trägt er drei Namen: *Peridot,* der von Flächen umgebene, *Olivin,* der Olivfarbene und *Chrysolith,* der Goldstein. Seine Farbe geht von gelb bis grün, wobei der olivfarbene Stein am begehrtesten ist. Die gelbe Variante wurde früher oft mit dem Topas verwechselt und galt von daher als sehr wertvoll. So wurde er dann auch als Kirchen und Altarschmuck eingesetzt. Die Farbintensität richtet sich nach seinem Eisengehalt. Bei geringem Eisengehalt ist der Stein mehr gelblich. Man findet ihn eingewachsen in Vulkangesteinen und Marmor, sowie in Südamerika zusammen mit Diamantvorkommen. Im Jahre 1749 wurde in Ostsibirien ein großer Meteroit gefunden, der Peridotsteine enthielt. Seit der Zeit trägt er auch den Namen Stein des Himmels.

Körperliche Heilwirkung

Bei Augenerkrankungen, Leber- und Nierenerkrankungen, Rheuma, Gicht, Arthritis, Arthrose, kräftigt Herz, Bauchspeicheldrüse und Milz.

Psychische Heilwirkung
bei mangelndem Selbstvertrauen, Verletzlichkeit, Eifersucht.

Anwendung und Wirkungsweise
Der Peridot hat eine stark reinigende Kraft, fördert die Verdauung und hilft bei Verstopfung. Er befreit den Körper von vorhandenen Giftstoffen und entlastet dadurch Leber und Niere. Bei Augenenerkrakungen legt man den Peridot eine Weile in Quellwasser, mindestens aber ein bis zwei Stunden, und betupft anschließend die Augen mit diesem Elixier. Rheumatische Beschwerden, Gicht und Arthrose werden durch ihn gelindert. Auch hier empfiehlt es sich ein Elixier, wie auf Seite 132 beschrieben, herzustellen und dreimal am Tag sechs Tropfen davon einzunehmen.

Der Peridot öffnet unser Herzchakra und wirkt beruhigend auf unsere Emotionen, indem er uns hilft unser inneres Gleichgewicht wieder herzustellen. Gedanken von Neid, Eifersucht und Angst bietet er keinen Raum. Er stärkt unser Selbstvertrauen und fördert die Innenschau. Der Peridot ist ein sehr guter Begleiter auf unserem spirituellen Weg. Er verstärkt hellseherische Fähigkeiten, fördert die Intuition und Weitsichtigkeit und kann hilfreich für alldiejenigen sein, die sogenannte Heilberufe ausüben. Er sollte im Kehlbereich getragen werden. Wegen seiner sanften Heilschwingung ist er mehr für sensible Menschen geeignet, die diese Schwingung auch wahrnehmen können.

Pyrit

Chakra: Hals
Mineralgruppe: Pyrit
Farbe: goldfarben
Härtegrad: 6-6,5
Spez. Gewicht: 5
Lichtbrechung: keine
Kristallsystem: kubisch
Durchsichtigkeit: undurchsichtig
Chemische Zusammensetzung: FeS_2 Eisensulfid
Hauptvorkommen: Elba, Italien, Frankreich, Spanien, Deutschland

Historie

Der Name Pyrit kommt von dem griechischen Wort *pyr* und bedeutet *Feuerstein,* weil man mit ihm auch Funken schlagen kann. Im Handel wird er manchmal auch als Markasit bezeichnet, einem Stein, der fast die gleiche chemische Zusammensetzung hat wie der Pyrit. Er ist jedoch spröder, seine Farbe etwas grünlicher, und bei längerer Aufbewahrung zerfällt er. Der Pyrit wird in Blöcken, Körnern oder in Kristallform gefunden. Außer zu Schmuckzwecken wird er zur Gewinnung von Schwefel verwendet.

Schon die Inkas kannten diesen goldglänzenden Stein und fertigten Platten aus ihm an, die sie so glatt schliffen, daß sie sie als Spiegel benutzen konnten. Von Goldsuchern wurde der Pyrit wegen seines Goldglanzes manchmal mit Gold verwechselt und als Gold der Dummen bezeichnet.

Körperliche Heilwirkung

schmerzstillend und entzündungshemmend bei Bronchitis, Halsschmerzen, Mandelentzündungen und Kehlkopfkatarrhen.

Psychische Heilwirkung
bei Depressionen, Ängsten, nervöser Erschöpfung.

Anwendung und Wirkungsweise
Der Pyrit hilft bei allen Atemwegserkrankungen und hat eine schmerzlindernde Wirkung. Dafür ist er sogar in der Homöopathie bekannt. Er sollte an einem Band im Kehlkopfbereich getragen werden. Unterstützend dazu können wir uns, wie auf Seite 132 beschrieben, ein Pyrit-Elixier herstellen und dreimal am Tag sechs Tropfen davon einnehmen.
Der Pyrit besitzt darüberhinaus die Fähigkeit, uns an unsere eigenen Probleme heranzuführen und macht uns bewußt, daß eine Lösung dieser durch Umdenken und Änderung bestimmter Verhaltensweisen in uns selber zu finden ist. So können chronische Krankheiten und Schmerzen geheilt werden, wenn uns der Sinn unserer Krankheit transparent wird und wir die Energie aufbringen, bestimmte Verhaltensmuster zu verändern. Diese Erkenntnisfähigkeit wird durch den Pyrit intensiviert. Er setzt die für einen Umwandlungsprozess notwendigen Kräfte frei und sollte ganz bewußt auf die Problemzonen aufgelegt werden. Am besten eignet sich dazu die Pyritsonne. Auch Ängste, Depressionen und falsche Hoffnungen werden durch ihn gemildert.

Rauchquarz

Chakra: Wurzel
Mineralgruppe: Quarz
Farbe: rauchgrau, braun-schwarz
Härtegrad: 7
Spez. Gewicht: 2,65
Lichtbrechung: 1,54-1,55
Kristallsystem: trigonal
Durchsichtigkeit: durchsichtig
Chemische Zusammensetzung: SiO_2 Kieselsäure
Hauptvorkommen: Ural, Alpen, USA, Madagaskar, Sri Lanka

Historie

Der Rauchquarz ist eine Abart des Bergkristalls, dessen Färbung durch radioaktive Strahlen entstanden ist. Bestrahlt man einen Bergkristall künstlich mit Radium, so kann man ihn in Rauchquarz umwandeln. Erhitzt man einen Rauchquarz, kann man ihn entfärben. Rauchquarze können wie Bergkristalle sehr große Kristalle ausbilden. In einem brasilianischen Museum gibt es einen Rauchquarz von 2 Meter Höhe und einem Gewicht von 3 Tonnen zu sehen. Braun-schwarze Steine tragen auch den Namen *Morion*. In den USA werden die Rauchquarze künstlich bestrahlt, um eine Schwarzfärbung zu erreichen. Diese Steine sind für Heilzwecke jedoch nicht so gut geeignet. Rauchquarze besitzen eine hohe Ultraschall-Frequenz und können die Dichte unseres Körpers schnell durchdringen. Sie sind sehr heilkräftig, wirken vor allem auf unser Wurzelchakra und schenken uns Erdverbundenheit.

Körperliche Heilwirkung

wirkt auf den Unterleib und die Geschlechtsorgane, steigert die Fruchtbarkeit und stärkt Herz und Nieren.

Psychische Heilwirkung

steigert die Kreativität, hilft bei depressiv verstimmten Menschen, die einen Mangel an Selbstvertrauen haben sowie bei gebrochenem Lebenswillen und Kraftlosigkeit.

Anwendung und Wirkungsweise

Der Rauchquarz hat eine sehr stark reinigende Wirkung auf das Wurzelchakra, fördert die Durchblutung der Unterleibsorgane und steigert die Fruchtbarkeit. Er kann entweder auf den Unterleib aufgelegt oder an einem längeren Band um den Hals getragen werden. Unterstützend dazu kann ein Rauchquarz-Elixier, wie auf Seite 132 beschrieben, hergestellt, und dreimal am Tag sechs Tropfen davon eingenommen werden. Der Rauchquarz hat die einzigartige Fähigkeit, Licht in das Dunkel unserer Seele zu bringen. Er löst negative Gedanken und Verhaltensmuster auf, indem er Energieblockaden löst und die angestaute Lebensenergie umwandelt in Antrieb und Tatendrang. Das in uns einströmende Licht fördert die Bereitschaft, uns so anzunehmen und zu lieben, wie wir eben sind. Er gibt uns einen inneren Halt und die Kraft, das Leben zu meistern und unseren eigenen Weg zu finden. Der Rauchquarz ist ein sehr guter Meditationsstein und schützt uns gegen negative Strahlungen.

Rhodochrosit

Chakra:	*Herz*
Mineralgruppe:	*Calcit*
Farbe:	*himbeerrot, rot, rosenrot*
Härtegrad:	*4*
Spez. Gewicht:	*3,7*
Lichtbrechung:	*1,6-1,8*
Kristallsystem:	*trigonal*
Durchsichtigkeit:	*durchsichtig, durchscheinend*
Chemische Zusammensetzung:	$MnCO_3$ *Mangancarbonat*
Hauptvorkommen:	*Argentinien, Südafrika*

Historie
Der Name Rhodochrosit kommt aus dem Griechischen und bedeutet der *Rosafarbene*. Dennoch besteht er aus verschiedenen roten bis fast weißen Lagen. Die sich daraus häufig ergebenden Wellenmuster symbolisieren etwas von der Energie und Bewegung, die der Rhodochrosit in uns freisetzen kann.

Körperliche Heilwirkung
stärkt das Herz, fördert die Entgiftung der Nieren.

Psychische Heilwirkung
stärkt das Selbstbewußtsein, stabilisiert das innere Gleichgewicht, fördert die Kreativität sowie das schöpferische Denken, hilft gegen Alpträume.

Anwendung und Wirkungsweise
Der Rhodochrosit fördert die Entgiftung der Nieren und ist im Vorstadium von Diabetis zu empfehlen, weil er auch eine stabilisierende Wirkung auf die Bauchspeicheldrüse hat. Es ist sinnvoll, ihn im Wirbelsäulenbereich auf die betreffenden Punkte aufzulegen. Bei dieser Art von Krankheiten ist es empfehlenswert, ein Rhodochrosit-Elixier, wie auf Seite 132 beschrieben, herzustellen, und dreimal am Tag sechs Tropfen davon einzunehmen.

Vor allem aber ist der Rhodochrosit ein Stein der Veränderung. Er zerstört eingefahrene Gewohnheitsmuster, die unser inneres Wachstum blokkieren und oft Ursache für körperliche Krankheitsbilder sind. Haben wir ein ganz bestimmtes Problem, sollten wir uns, wenn wir mit diesem Stein arbeiten, auf eben dieses konzentrieren. Tun wir dies nicht, wirkt er zuerst auf die Blockaden in unserem Körper ein, die eine sehr schädigende Wirkung auf uns haben. Je stärker wir bereit sind, eine Veränderung zuzulassen, desto stärker kann sich seine Kraft entfalten. Diese Zerstörung der Gewohnheitsmuster, die selbstverständlich Zeit braucht, übt einen gewissen Reinigungseffekt auf unseren Körper aus und schafft die Voraussetzung für einen Wiederaufbau von neuen, flexibleren Verhaltensmustern. Nach so einer Veränderung spüren wir in uns eine Kraft, die unser Selbstvertrauen stärkt und uns eine neue Kreativität entdecken läßt.

Rhodonit

Chakra:	*Herz*
Mineralgruppe:	*Rhodonit*
Farbe:	*rosenrot bis blaurot mit schwarzen Adern*
Härtegrad:	*5,5-6,5*
Spez. Gewicht:	*3,5-3,6*
Lichtbrechung:	*1,73-1,74*
Kristallsystem:	*triklin*
Durchsichtigkeit:	*durchsichtig, durchscheinend*
Chemische Zusammensetzung:	*Mn(SiO₃) Mangansilikat*
Hauptvorkommen:	*USA, Australien, Schweden*

Historie
Der Rhodonit hat eine rosenrote bis blaurote Farbe und ist oft von schwarzen Adern aus Manganoxid durchzogen, die ihm in geschliffenem Zustand ein sehr lebendiges Aussehen geben. Er wird in großen Brocken in Steinbrüchen abgebaut.

Körperliche Heilwirkung
stärkt Herz und Lunge.

Psychische Heilwirkung
beruhigend, ausgleichend, das Selbstvertrauen stärkend.

Anwendung und Wirkungsweise
Der Rhodonit schützt vor allem die oberen Luftwege befähigt die Lungen, mehr Sauerstoff aufzunehmen und verbessert das Höhrvermögen. Das Rosa des Rhodonits wirkt vor allem auf unser Herzzentrum, wirkt harmonisierend und hilft bei Herzrhythmusstörungen. Das Schwarz des Mangans hat eine sehr erdende Eigenschaft. Er eignet sich vor allem zur Behandlung von Schocks und Traumatas.

Rosenquarz

Chakra: Herz
Mineralgruppe: Quarz
Farbe: blaßrosa, rosenfarben
Härtegrad: 7
Spez. Gewicht: 2,65
Lichtbrechung: 1,54-1,55
Kristallsystem: trigonal
Durchsichtigkeit: durchsichtig
Chemische Zusammensetzung: SiO_2 Kieselsäure
Hauptvorkommen: Brasilien, Madagaskar, USA, Südwestafrika

Historie
Der Rosenquarz ist ein grober, mit hellen Adern durchzogener Quarz, der oft rissig und selten klar ist. Seinen Namen verdankt er seiner *rosenroten* Farbe. Diese Farbe ist jedoch leider recht lichtempfindlich und kann im Laufe der Zeit etwas blasser werden. Manchmal kommen auch Einschlüsse von Rutilnadeln vor, die dem Rosenquarz ein interessantes Aussehen verleihen. Farbgebende Substanz ist das Mangan. Er hilft den Menschen, die Schönheit allgemein wiederzuentdecken und schätzen zu lernen.

Körperliche Heilwirkung
bei Blutkrankheiten, Herz- und Kreislauferkrankungen, Leber- und Nierenleiden, Unfruchtbarkeit, Unterleibsbeschwerden.

Psychische Heilwirkung
vertreibt Ängste, hebt Gefühlsblockaden auf, macht empfänglich für die schöngeistigen Dinge des Lebens.

Anwendung und Wirkungsweise

Der Rosenquarz hat eine stark entgiftende Wirkung auf Leber und Nieren und entlastet dadurch den gesamten Stoffwechsel. Auch Durchblutungsstörungen sowie Herz- und Kreislaufstörungen werden durch ihn gelindert. Dazu tragen wir den Rosenquarz am besten in der Herzregion an einem etwas längeren Band um den Hals. Er hat eine stark ausgleichende Wirkung auf unsere Emotionen und stärkt vor allem die Fruchtbarkeit des Mannes. Unterstützend wird er auch bei Beschwerden der Geschlechtsorgane eingesetzt.

Der Rosenquarz ist vor allem ein Stein des Herzens. Er besitzt die Fähigkeit, tief in unser Gefühlsleben einzudringen. Verhärtungen, Groll, Kummer und Enttäuschungen können durch ihn aufgelöst und noch einmal erfahrbar gemacht werden. Für Menschen, die sehr verschlossen sind, kann er eine große Hilfe sein, ihre Gefühle an die Oberfläche zu bringen, spürbar zu machen und anderen mitzuteilen. Daraus erwächst dann eine neue Art der Selbsterkenntnis und des Selbstbewußtseins. Der Rosenquarz gibt uns die Kraft der Liebe und lehrt uns die Kunst des Verzeihens. Spüren wir, daß uns die Aufregung auf den Magen schlägt, legen wir den Rosenquarz auf den Magenbereich und bei Herzrhythmusstörungen auf den Herzbereich.

Für eine längerandauernde Wirkung ist es ratsam, eine Kette aus Rosenquarz zu tragen. Rosenquarz ist auch für Kinder als Begleiter auf ihrem Weg geeignet, vor allem, wenn sie unter einem Mangel an Liebe und Zuneigung leiden. Auch als Meditationsstein ist er sehr zu empfehlen. Zusätzlich bietet er uns Schutz gegen viele negative Strahlungen.

Rubin

Chakra:	*Wurzel*
Mineralgruppe:	*Korund*
Farbe:	*rot*
Härtegrad:	*9*
Spez. Gewicht:	*3,9-4,1*
Lichtbrechung:	*1,76-1,77*
Kristallsystem:	*trigonal*
Durchsichtigkeit:	*durchsichtig*
Chemische Zusammensetzung:	*Al_2O_3 Aluminiumoxid*
Hauptvorkommen:	*Burma, Thailand, Sri Lanka*

Historie
Der Name Rubin stammt von dem lateinischen Wort *ruber* für *rot* ab. Die Inder bezeichnen ihn als Blutstropfen, aus dem Herzen der Mutter Erde. Er gehört zu der Gruppe der Korunde, und je nach Vorkommen und Farbe werden hauptsächlich drei Arten von Rubinen unterschieden:
1. die Burma Rubine, sie sind leuchtend rot, sehen am schönsten aus und sind sehr wertvoll;
2. die dunkelbraunen Siam Rubine;
3. die hellrot bis himbeerroten Ceylon Rubine.

Nach früherem Volksglauben verdunkelte sich die Farbe der Rubine, wenn sie am Körper getragen wurden, wenn Unheil drohte und lichteten sich nach dem Abklingen der Gefahr wieder auf. Er gilt als einer der kostbarsten Edelsteine und wird in Königs- und Adelshäusern auch heute noch sehr geschätzt.

Körperliche Heilwirkung
bei Herzbeschwerden, Kreislaufproblemen, Anämie und Infektionen.

Psychische Heilwirkung
bei Schüchternheit, mangelndem Durchsetzungsvermögen, Gefühlsblockaden.

Anwendung und Wirkungsweise
Der Rubin ist der Stein des Herzens. Er sollte am besten in Kugelform getragen werden. So kann seine Energie über das Herzzentrum in uns einströmen. Er aktiviert die Blutzirkulation, hebt den Blutdruck, stärkt das Immunsystem und hilft bei Anämie. In pulverisiertem Zustand hat er blutstillende Eigenschaften.
Der Rubin öffnet unser Herz, verstärkt die Freude und schwächt die Trauer. Es heißt, er kann sogar verweifelte Menschen von ihren Selbstmordgedanken abbringen. Er hilft jenen, denen es an Selbstvertrauen mangelt, indem er das Vertrauen in die eigene Leistungsfähigkeit stärkt und die Durchsetzungskraft fördert. Der Rubin macht unsere Gefühlswelt und die daraus entstandenen Emotionen transparent. Dieses Gewahrwerden bewirkt meist auch eine Änderung bestimmter Verhaltensweisen und trägt dadurch zu einer Lösung von Problemen bei. Er hebt unser Bewußtsein auf eine höhere Seinsebene, durch die wir erfahren, daß wahre Liebe Freiheit bedeutet und weder an Erwartungen noch Bedingungen geknüpft ist. In diesem Sinne ist der Rubin vor allem ein Stein der Liebe, der uns etwas von der göttlichen Kraft vermittelt, die weder urteilt noch verurteilt.

Rutilquarz

Chakra: Sonnengeflecht
Mineralgruppe: Quarz
Farbe: transparente Kristalle mit Rutileinlagerungen
Härtegrad: 6-7
Spez. Gewicht: 4,23
Lichtbrechung: 1,54-1,55
Kristallsystem: trigonal
Durchsichtigkeit: durchsichtig
Chemische Zusammensetzung: SiO_2 Kieselsäure
Hauptvorkommen: Brasilien, Frankreich, USA

Historie
Rutilquarze sind Bergkristalle, die während ihres Wachstums Titan eingelagert haben. Solche Einschlüsse bezeichnet man als *Rutilnadeln* oder *Venushaare*. Sie laden sich elektrisch auf und verändern dadurch die Schwingung der Kristalle und verstärken ihre Heilkraft.

Körperliche Heilwirkung
wirkt kräftigend auf Bronchien und Lungen, hilft bei Asthma, Halsschmerzen, und anderen Schmerzzuständen. Wegen seiner zellregenerierenden Eigenschaft empfiehlt er sich bei erhöhter Strahlenbelastung.

Psychische Heilwirkung
gegen Depressionen, Ruhelosigkeit, Unkonzentriertheit.

Anwendung und Wirkungsweise
Rutilquarz ist vor allem bei Atemwegserkrankungen angezeigt. Außerdem fördert er das gesunde Zellwachstum, unterstützt den Gewebeaufbau und hat eine starke Heilwikung bei Strahlenschäden.

Saphir

Chakra:	*Stirn*
Mineralgruppe:	*Korund*
Farbe:	*blau, gelb, rosa, violett, farblos*
Härtegrad:	*9*
Spez. Gewicht:	*4,0-4,1*
Lichtbrechung:	*1,76-1,77*
Kristallsystem:	*trigonal*
Durchsichtigkeit:	*durchsichtig*
Chemische Zusammensetzung:	Al_2O_3 *Aluminiumoxid (Tonerde)*
Hauptvorkommen:	*Thailand, Sri Lanka, Burma*

Historie

Der Saphir ist ein glücksbringender Stein. Sein Name stammt von dem griechischen Wort *sapheiros* für *blau* ab. Im Altertum galt er sogar als heiliger Stein. Die Inder verehrten ihn als Stein der Wahrheit und Gerechtigkeit, die Buddhisten als Stein des Seelenfriedens, der Freundschaft und Beständigkeit. Saphire gehören wie die Rubine zur Korundgruppe, kommen jedoch etwas häufiger vor und werden nach ihrem Ursprungsland bezeichnet.

Es gibt die kornblumenblauen Kaschmir-Saphire, die satinfarbenen Siam-Saphire, die hellblauen Ceylon Saphire, die stahlblauen Montana Saphire und die blaugrünen australischen Saphire. Am wertvollsten sind die Kaschmir Saphire. Darüber hinaus gibt es noch Saphire in allen Farben, über weiß, gelb, orange, blaurot, rosa, violett und farblos. Sprechen wir von dem Saphir und seinen Heilwirkungen, ist jedoch der blaue Saphir gemeint. Saphire sollen die Eigenschaft besitzen, ihre Farbe bei drohendem Unheil zu verändern.

Körperliche Heilwirkung
bei Geisteskrankheit, Jähzorn, Nervosität, Schlaflosigkeit, Nervenschmerzen, Rheumatismus, Gelenkschmerzen, Gicht, geschwächten Augen, Stirn-, Kiefern- und Nebenhöhlenerkrankungen.

Psychische Heilwirkung
bei Unruhe, Unsicherheit, Depressionen.

Anwendung und Wirkungsweise
Saphire haben eine stark beruhigende, schmerzlindernde Wirkung. Sie stellen eine Verbindung zwischen Kopf und Herz, Denken und Fühlen her und bringen beides in Einklang.

Der Saphir hat außerdem eine stark ordnende Kraft auf unsere Gedanken, verleiht ihnen Klarheit und ist imstande, geistige Verwirrungen aufzulösen. Er verbannt negative Gedanken, die im Zusammenhang stehen mit Vorurteilen, Meinungen, und negativen Einstellungen. Da unser Denken nicht nur uns selbst prägt, sondern auch unsere Umgebung, beeinflussen wir dadurch auch unser näheres Umfeld. Er lehrt uns, daß die Kraft der Gedanken, gezielt und richtig eingesetzt, auch eine Heilwirkung haben kann, und weckt in uns die Sehnsucht, Einblick in den tieferen Sinn des Seins zu bekommen. Er ist auch der Stein der Yogies und Wunderheiler, der die Sehnsucht nach spiritueller Erleuchtung weckt und die Hellsichtigkeit verstärkt.

Er sollte als Ring oder an einer kurzen Kette um den Hals getragen werden. Bei Schmerzzuständen kann er auch auf die betroffenen Körperbereiche aufgelegt werden.

Schneeflockenobsidian

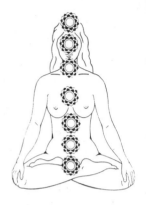

Chakra:	alle
Mineralgruppe:	keine
Farbe:	schwarz mit flockenartigen Einschlüssen
Härtegrad:	5,0-5,5
Spez. Gewicht:	2,5-2,6
Lichtbrechung:	1,5
Kristallsystem:	keines
Durchsichtigkeit:	undurchsichtig
Chemische Zusammensetzung:	Lavaglas
Hauptvorkommen:	Mexiko, Island, USA, Griechenland, Italien

Historie

Der Obsidian ist ein durch schnelles Abkühlen erstarrtes *Glas* aus Lavaergüssen und besteht vorwiegend aus Kieselsäure. Eigentlich zählt er nicht zu den Mineralien, wird aber wegen seiner Verbreitung und Wirkungsweise mitaufgeführt. Durch das schnelle Erkalten der Masse konnten sich keine Kristalle ausbilden. Aufgrund seiner großen Härte und scharfen Kanten fertigte man schon früh Werkzeuge, Messer und Pfeilspitzen aus ihm. Die Juden und Muselmänner verwendeten ihn wegen seiner großen Schärfe zur Beschneidung. Die Indianer benutzten ihn bei bestimmten Ritualen, um die bösen Geister zu vertreiben. In mexikanischen Gräbern wurden Vasen und magische Spiegel aus Obsidian gefunden. Obsidiane sind grün, schwarz, gelb, braun, rot oder blau. Der Schneeflockenobsidian ist ein schwarzer Stein mit flockenartigen Einlagerungen.

Körperliche Heilwirkung

bei Magen-Darmbeschwerden, Infektionen.

Psychische Heilwirkung
fördert den Energiefluß, die Standfestigkeit und Erdverbundenheit.

Anwendung und Wirkungsweise
Der Schneeflockenobsidian hilft gegen Kopflastigkeit, gibt uns Standfestigkeit und stärkt die Erdverbundenheit. Legen wir den Schneeflockenobsidian an unser Fußende, wird der Energiefluß angeregt und soweit vorhanden verschwindet das Gefühl von kalten Füssen. Der Energieaustausch findet hier über die Fußsohlen statt und regt von dort die Blutzirkulation an.

Der Schneeflockenobsidian ist vor allem für die Menschen geeignet, die sich gern in Tagträumen verlieren oder nach spirituellen Höhenflügen den Sinn für die Realität verloren haben. Seine schwarze Farbe ist stellvertretend für das Dunkle, Unbekannte. So konfrontiert er uns auch mit der Schattenseite unserer Seele und führt uns in ungeahnte Tiefen. Die weißen Einlagerungen symbolisieren die Helligkeit und lassen uns das Licht in der Dunkelheit erkennen. Sie zeigen uns einen Weg zur Lösung der Probleme.

Schneeflockenobsidiane helfen uns, unsere spirituellen Erfahrungen in den Alltag einzubeziehen, ohne den Boden unter den Füssen zu verlieren. Wir sollten ihm jedoch mit dem nötigen Respekt begegnen und uns bewußt sein, daß er uns nicht nur Harmonie schenkt. Er sollte nicht unbedingt am Körper getragen werden, sondern ganz gezielt von all denen eingesetzt werden, die sich zutrauen, auch mit ihrem Schattendasein konfrontiert zu werden.

Smaragd

Chakra:	Herz
Mineralgruppe:	Beryll
Farbe:	dunkelgrün, grasgrün, gelblich grün, hellgrün
Härtegrad:	7,5-8,0
Spez. Gewicht:	2,69-2,76
Lichtbrechung:	1,58-1,59
Kristallsystem:	hexagonal
Durchsichtigkeit:	durchsichtig
Chemische Zusammensetzung:	$Be_3Al_2(SiO_6)_3$ Beryllium-Tonerdesilikat
Hauptvorkommen:	Kolumbien, Südafrika, Rhodesien, Ural, Indien, Brasilien

Historie
Der Name Smaragd leitet sich von dem griechischen Wort *smaragdos* für *grün* ab. Er zählt zu der Gruppe der Berylle und gehört zu den seltenen und kostbarsten Steinen, die vor allem in Königshäusern sehr beliebt waren. Die Ägypter nannten den Smaragd den Stein der Liebenden, und die Inkas verehrten ihn lange in ihren Tempeln. Auf Reisen wurde er als Schutzstein mitgenommen, um drohendes Unheil abzuwenden. Die wenigsten Smaragde sind klar und durchsichtig. Viele sind rissig und gefleckt. Dies hat jedoch keinen Einfluß auf die Heilkraft.

Körperliche Heilwirkung
bei Herz- und Kreislauferkrankungen, Sehschwäche, rheumatischen Beschwerden, Gicht, radioaktiven Belastungen, Krebs, Kopfschmerzen.

Psychische Heilwirkung
bei Ruhelosigkeit und Antriebsschwäche.

Anwendung und Wirkungsweise

Der Smaragd hat vor allem eine wohltuende Wirkung auf müde, überanstrengte Augen. Diese Symptome können wir lindern, indem wir ein Smaragdwasser herstellen. Dazu legen wir den Smaragd am besten über Nacht in Quellwasser und betupfen anschließend unsere Augen mit einem in dieser Lösung getränkten Tuch. Dieses Wasser kann auch schluckweise über den Tag verteilt bei Herzbeschwerden oder Schmerzen getrunken werden.

Der Smaragd aktiviert unsere Selbstheilungskräfte und ist Symbol für die Wiedergeburt eines gesunden Körpers. Er fördert den Aufbau der roten und weißen Blutkörperchen, verlangsamt Alterungsprozesse, reguliert den Blutdruck und erleichtert Frauen den Geburtsschmerz. Er hilft dem Herzen, mit bereits verarbeiteten Giftstoffen fertigzuwerden, und fördert die Ausscheidung von toxinen Stoffen über die Leber. Er sollte möglichst am Herzbereich getragen werden. Bei Wirbelsäulenerkrankungen kann er direkt auf die Schmerzstelle aufgelegt werden. Bei all diesen Beschwerden kann das Smaragdelixier auch als Badezusatz verwendet werden. Dazu geben wir zehn Tropfen in das Badewasser. Zubereitung siehe Seite 132.

Der Smaragd ist ein Stein der Weisheit, des inneren Friedens und der Ausgeglichenheit. Er ermöglicht uns, unser Bewußtsein über die physische Ebene hinauszuheben, und sensibilisiert uns für neue Seinszustände. Der Smaragd beruhigt unsere Nerven, gibt Kraft und Vitalität und ist der Venus zugeordnet, d.h. er fördert unsere Liebesfähigkeit.

Sodalith

Chakra:	*drittes Auge*
Mineralgruppe:	*Sodalith*
Farbe:	*farblos, weiß, grau, gelblich, rötlich, blau*
Härtegrad:	*5-6*
Spez. Gewicht:	*2,3*
Lichtbrechung:	*1,48*
Kristallsystem:	*kubisch*
Durchsichtigkeit:	*durchsichtig, durchscheinend*
Chemische Zusammensetzung:	$Na_8(AlSiO_4)_6Cl_2$ *Chlorhaltiges Aluminiumsilikat*
Hauptvorkommen:	*Deutschland, Italien, Brasilien, USA, Frankreich, Indien*

Historie

Der Name Sodalith wird durch seinen hohen Natriumgehalt bestimmt und leitet sich von dem englischen Wort *sodium* für *Natrium* ab. Er ist etwas dunkler als der Lapislazuli, hat eine indigoblaue Farbe und ist mit weißen bis hellgrauen Adern durchzogen. Wenn auch nicht häufig, kann seine Farbe auch farblos, weiß, gelblich oder grünlich sein.

Körperliche Heilwirkung

regt den Stoffwechsel an, stärkt das Lymphsystem, hilft vorbeugend gegen Röntgenstrahlen und Computerstrahlung.

Psychische Heilwirkung

beruhigend, ausgleichend, fördert das Selbstvertrauen und die Standfestigkeit.

Anwendung und Wirkungsweise

Der Sodalith wirkt vor allem auf unser Lymphsystem und eignet sich als unterstützende Maßnahme für alle Krankheiten, die damit in Zusammenhang stehen. Empfehlenswert ist es sich ein Sodalith-Elixier, wie auf Seite 132 beschrieben, herzustellen, und dreimal täglich zehn Tropfen davon vor den Mahlzeiten einzunehmen. Zwischendurch können auch Bäder mit diesem Elixier gemacht werden. Außerdem hat der Sodalith eine stark beruhigende Wirkung auf unsere Nerven.

Er wirkt vor allem auf den geistigen Bereich, ist aber trotzdem sehr stark mit der Materie verbunden und richtet seine Kraft auf irdische Dinge. Der Sodalith fördert ein realitätsbezogenes, analytisches Denken, gibt Standfestigkeit und hilft uns, zu unseren eigenen Wurzeln vorzudringen. Schuldgefühle und Ängste können dadurch leichter abgebaut werden. Jene, denen es an Kraft und Ausdauer fehlt, spornt er an, ihre Ideale und Ziele zu verfolgen und zu verwirklichen. Er kann sehr gut als Anhänger an einem Band getragen werden und schützt seinen Träger gleichzeitig vor schädlichen Strahlungen.

Spinell

Chakra:	*Wurzel*
Mineralgruppe:	*Spinell*
Farbe:	*rot, grün, blau, violett, geld, schwarz*
Härtegrad:	*8*
Spez. Gewicht:	*3,6*
Lichtbrechung:	*1,72-1,77*
Kristallsystem:	*kubisch*
Durchsichtigkeit:	*durchsichtig*
Chemische Zusammensetzung:	Al_2MgO_4 *Magnesiumaluminat*
Hauptvorkommen:	*Brasilien, Burma, Sri Lanka*

Historie

Spinelle gibt es in fast allen Farben. Am bekanntesten sind jedoch die roten Spinelle, die früher mit Rubinen verwechselt wurden, weil sie ein ähnliches Aussehen haben und an gleichen Lagerorten gefunden wurden. Auf Grund dieser Verwechslung gelangten sie als wertvolle Steine in die Königshäuser, schmückten beispielsweise die Königskronen und trugen den Namen *Black Prince's Ruby*.

Der Name Spinell kommt aus dem Griechischen, bedeutet *Funke* und bezieht sich sicherlich auf die roten Steine.

Körperliche Heilwirkung

bei Entzündungen, Eisenmangel, Kreislaufbeschwerden.

Psychische Heilwirkung

beruhigend, harmonisierend, entspannend.

Anwendung und Wirkungsweise

Spinelle wirken entzündungshemmend, kühlend, blutstillend und fördern die Wundheilung. Es hilft, den Stein neben der Wunde aufzulegen.

Tigerauge

Chakra: Sonnengeflecht
Mineralgruppe: Quarz
Farbe: goldgelb, goldbraun
Härtegrad: 7
Spez. Gewicht: 2,66
Lichtbrechung: 1,54
Kristallsystem: trigonal
Durchsichtigkeit: durchscheinend, undurchsichtig
Chemische Zusammensetzung: SiO_2 *Kieselsäure*
Hauptvorkommen: Südafrika

Historie
Das Tigerauge ist ein Verwitterungsprodukt des Falkenauges und bekommt erst durch den Schliff einen lebendigen goldbraunen, goldgelben Glanz. Je nach Lichteinfall verändert sich der Glanz und gibt dem Stein ein lebendiges Aussehen und erinnert an *das Auge des Tigers*. Es gibt auch Stücke, in denen Tigeraugen und Falkenaugen zusammen vorkommen.

Körperliche Heilwirkung
Bronchitis, Asthma, Erkältung.

Psychische Heilwirkung
zentriert die Gedanken und stärkt das Selbstbewußtsein.

Anwendung und Wirkungsweise
Das Tigerauge hilft bei Schmerzen und Verkrampfungen im Magenbereich. Auch Bronchitis und Asthma können gelindert werden. Dazu sollte er auf die entsprechenden Körperbereiche aufgelegt oder an einem Band um den Hals getragen werden. Das Tigerauge verströmt eine sehr sanfte Energie und ist auch für Kinder gut geeignet.

Topas

Chakra:	Sonnengeflecht
Mineralgruppe:	Topas
Farbe:	orange, gelb, grün, hellblau, rötlich, farblos
Härtegrad:	8
Spez. Gewicht:	3,5-3,65
Lichtbrechung:	1,60-1,62
Kristallsystem:	orthorhombisch
Durchsichtigkeit:	durchsichtig
Chemische Zusammensetzung:	$Al(SiO_4)$ Tonerdesilikat
Hauptvorkommen:	Brasilien, Sri Lanka, Südwestafrika, Madagaskar, Schottland

Historie

Nach alten Überlieferungen wurde der Topas erstmals von Schiffbrüchigen auf der heutigen Insel St.John's im Roten Meer gefunden. Die Seeleute benannten die Insel und den Stein *Tapazios*, was soviel wie *gesucht und gefunden* bedeutet.

Beim Topas gibt es viele Verwechslungsmöglichkeiten mit anderen Steinen. Zur Unterscheidung zum unechten Topas wird er daher als Edeltopas oder als echter Goldtopas bezeichnet, ungeachtet dessen, daß er in vielen verschiedenen Farbtönen vorkommt. Am häufigsten sind die gelb- und orangefarbenen Steine. Der Topas kann eine beträchtliche Größe erreichen. Der größte bisher gefundene Stein hatte ein Gewicht von 15 Kilo und kam aus Brasilien.

Körperliche Heilwirkung

stärkt das Nervensystem sowie Magen-Darmtrakt.

Psychische Heilwirkung
bei Depressionen, Schlaflosigkeit, Erschöpfungszuständen, Nervenzusammenbruch, Unkonzentriertheit.

Anwendung und Wirkungsweise
Der Topas ist ein Stein des Lichtes und der Liebe. Er bewirkt in uns eine Leichtigkeit der Gedanken, gibt neue Hoffnung und ein Gefühl der Freude. Durch seine Eigenschaft, negative Schwingungen aufzunehmen und aufzulösen, sollte er öfter gereinigt und wieder aufgeladen werden. Er befreit uns von unseren Ängsten und Depressionen und gibt uns unsere Lebensfreude zurück.

Der Topas ist vor allem für die Menschen geeignet, deren Verhaltens- und Denkmuster sich im Laufe der Jahre verhärtet haben, die schlecht zuhören können, sich von anderen Menschen immer stärker abgrenzen und sich von niemand helfen lassen wollen. Durch Auflegen des Topas auf das Herzchakra kommt es allmählich zur Entspannung. Das durch den Topas aufgenommene Licht kann sogar durch seinen Träger auf andere Menschen übertragen werden. Er hat also eine doppelte Wirkung. Verspannungskopfschmerzen und Schlaflosigkeit legen sich, wenn wir ihn auf unser drittes Auge legen.

Der Topas hebt unser Bewußtsein aus seiner Begrenztheit heraus und läßt Probleme in einem neuen Licht erscheinen. Dadurch befreit er uns aus der Welt der Sorgen und zeigt uns die Relativität unserer Nöte in Bezug auf das kosmische Geschehen und die Vergänglichkeit des Seins.

Der Topas hat außerdem eine beruhigende und stärkende Wirkung auf unser Nervensystem. Er fördert die Konzentration, bewirkt Klarheit im Denken und bringt unsere Gefühle wieder ins Gleichgewicht.

Türkis

Chakra:	*Hals*
Mineralgruppe:	*Türkis*
Farbe:	*himmelblau, blau, blaugrün*
Härtegrad:	*5-6*
Spez. Gewicht:	*2,60-2,80*
Lichtbrechung:	*1,6-1,65*
Kristallsystem:	*triklin*
Durchsichtigkeit:	*durchscheinend, undurchsichtig*
Chemische Zusammensetzung:	$CuAl_6((OH)_2(PO_4))_4 * 4H_2O$ *Tonerdephosphat*
Hauptvorkommen:	*Persien, USA, Mexiko, Tibet, Afghanistan Peru*

Historie

Die schönsten Türkise kommen aus Persien und haben eine himmelblaue Farbe. Früher wurde er über die Türkei nach Europa eingeführt und erhielt so die Bezeichnung *türkischer Stein*, von dem sich sein heutiger Name Türkis ableitet. Farbgebende Substanz ist das Kupfer. Manche Türkise sind auch von einem schwarzen Netzwerk aus Brauneisen oder Oxiden durchzogen und heißen Türkismatrix.

Gegenüber Cremes, Sonnenöl, Waschmittel, Hautschweiß und Sonneneinstrahlung ist er sehr empfindlich. Als Folge davon kann er sich in einen unansehnlichen grau-grünen Stein verfärben, denn der Türkis ist sehr porös. Substanzen können leicht in Hohlräume eindringen und dadurch seine Farbe verändern. Manche Türkise werden deshalb in farblosem Paraffin getränkt bzw. versiegelt und bekommen ein glänzendes Aussehen. Sie sind jedoch nicht empfehlenswert.

Der Türkis zählt mit zu den heiligen Steinen der Ägypter, weil sich in ihm die Kraft von Himmel und Erde vereinigen. Außerdem gibt es viele Geschichten, in denen bekannt wurde, daß der Türkis seine Träger vor Unheil bewahrt hat. So wurde er früher den Reitern als Talisman mit auf den Weg gegeben, um sie vor Angriffen und Verletzungen zu schützen.

Körperliche Heilwirkung
bei allen Atemwegserkrankungen, Schmerzzuständen, Nährstoffmangelerkrankungen, Strahlenbelastung, Krebs, Durchblutungsstörungen.

Psychische Heilwirkung
fördert die Kreativität, zeigt uns die Schönheit unseres eigenen inneren Wesens, hilft bei Ängsten und mangelndem Selbstvertrauen.

Anwendung und Wirkungsweise
Der Türkis besitzt die Eigenschaft, negative Schwingungen von uns fernzuhalten, krankmachende Stoffe aus unserem Körper herauszuziehen und die kraftspendenden Energien an uns abzugeben. Er ist daher sehr bei Krebserkrankungen zu empfehlen. Der Türkis kennt jedoch keine eigenen Grenzen. Ist sein Energiepotential erschöpft, weil es sich nicht ständig erneuert, verliert er seine Kraft, wird farblos oder zerspringt im Extremfall. In so einem Fall sollte er der Erde zurückgegeben werden und nicht mehr benutzt werden.

Er kann sich so mit dem Schicksal seines Trägers verbinden, daß er sich entsprechend der Krankheit verschieden verfärbt und angeblich bei dessen Tod verblasst. Der Türkis kann als Energiequelle für den gesamten Organismus eingesetzt und auf geschwächte Chakras aufgelegt werden. Er hilft bei der Auflösung von Verkrampfungen, Schmerzzuständen und regt die Durchblutung der betreffenden Stellen an. Außerdem trägt er zur Linderung von Bronchial- und Atemwegserkrankungen bei. Zu diesem Zweck sollte er an einem Band in Höhe des Kehlchakras getragen werden.

Turmalin

Chakra: verschieden
Mineralgruppe: Turmalin
Farbe: grün, gelb, blau, rosa, violett, braun, schwarz, farblos
Härtegrad: 7-7,5
Spez. Gewicht: 2,95-3,24
Lichtbrechung: 1,62-1,65
Kristallsystem: trigonal
Durchsichtigkeit: durchsichtig undurchsichtig
Chemische Zusammensetzung: $NaMg_3Al_6((OH)_{1,3}+(BO_3)_3(SiO_3)_6)$ Bortonerdesilikat
Hauptvorkommen: Brasilien, Südwestafrika, USA, Madagaskar, Ural, Sri Lanka, Thailand

Historie

Turmaline verfügen über ein außergewöhnlich großes Farbspektrum. Selbst in einem einzigen Kristall können mehrere verschiedene Farben vorkommen, oder die Prismaenden sind jeweils verschieden gefärbt.

Turmaline wachsen häufig in stabförmigen Kristallen, die senkrecht gerillt sind. Sie haben eine aufstrebende, nach oben gerichtete Kraft und besitzen magnetische Eigenschaften. Durch Erhitzen und Reiben laden sie sich elektrisch auf und ziehen dann Asche, Staub und kleine Papierschnitzel an. Von holländischen Seefahrern, die den Stein als erste von Sri Lanka mit nach Europa brachten, wurden sie daher als *Aschentrekker* (Aschenzieher) bezeichnet. Später wählte man für die Namensgebung den singhalesischen Begriff *turmali* mit der Bedeutung *gemischtfarbene Steine*.

Körperliche Heilwirkung

stabilisiert Herz und Kreislauf, schützt vor Infektionskrankheiten, stärkt das Nervensystem.

Psychische Heilwirkung
konzentrationsfördernd, harmonisierend, kräftigend.

Anwendung und Wirkungsweise
Der Turmalin ist ein Stein, der uns grundsätzlich positiv beeinflußt und ein harmonisches Gleichgewicht zwischen Körper, Geist und Seele herstellt. Er hilft uns schwierige Lebenssituationen zu meistern, gibt Kraft und Selbstvertrauen und befähigt uns, unsere Schwächen in Stärke umzuwandeln. Der Turmalin hat eine regenerierende, stabilisierende Wirkung auf Herz und Kreislauf. Eine zentrale Rolle spielt auch die Stärkung unseres Nervensystems.

Er ist ein Stein der Freude, der heitere Gelassenheit verbreitet. So unterschiedlich wie seine Farben sind auch seine Wirkungsweisen. Deshalb werden an dieser Stelle einige Turmaline gesondert dargestellt.

Der grüne Turmalin
Der grüne Turmalin ist von allen am beliebtesten, hat eine starke Wirkung auf unser Herzchakra und hilft uns, Auswege aus problematischen Liebesbeziehungen zu finden. Er stimmt uns heiter und gelassen und hat eine aufbauende Wirkung. Der grüne Turmalin trägt auch den Namen *Verdelith,* verkörpert und unterstützt die männliche Energie, stärkt das Durchhaltevermögen, gibt Selbstvertrauen und Lebenskraft. Er reinigt die Körpermeridiane und bewirkt so, daß die Energie wieder frei fließen kann. Dadurch werden Ermüdungserscheinungen beseitigt und die körpereigene Abwehr gestärkt. Außerdem hat er noch eine stark beruhigende Wirkung auf das zentrale Nervensystem.

Der rosa Turmalin
Der rosa Turmalin unterstützt und verkörpert die weibliche Energie. Er öffnet das Herzchakra und macht uns unsere Emotionen bewußt. Er hilft uns, alte Verletzungen und Kränkungen zu überwinden und steigert die Liebesfähigkeit. Zudem wird der Hormonhaushalt reguliert.

Der weiße Turmalin
Der weiße Turmalin trägt auch den Namen *Uvit,* aktiviert das Sonnengeflecht und hat eine stabilisierende Wirkung auf die Verdauungsorgane und die Milz. Er fördert die Bildung von roten und weißen Blutkörperchen und wirkt dadurch Krebskrankheiten entgegen. Das Immunsystem wird gestärkt und Hormonstörungen reguliert.

Der blaue Turmalin
Der blaue Turmalin, auch als *Indigolith* bekannt, kräftigt die Lungen, regt die Schilddrüse an und stärkt den ganzen Kehlkopfbereich. Er hat eine stark nervenberuhigende Eigenschaft, fördert die Konzentrationsfähigkeit, lindert Kopf und Zahnschmerzen.

Der Wassermelonen-Turmalin
Der Wassermelonen-Turmalin ist meist außen grün und innen rot und sieht im Querschnitt oft wie eine Wassermelone aus. Er schafft einen Ausgleich zwischen weiblicher und männlicher Energie, wobei der rosa Farbstrahl die Liebesfähigkeit stärkt, der grüne eine beruhigende Wirkung auf das zentrale Nervensystem hat. Weiterhin erfahren wir durch das Tragen dieses Turmalins eine heitere Gelassenheit und eine Steigerung der Lebenskraft.

Der Quarzturmalin
Der Quarzturmalin besteht aus klarem Bergkristall, in den sich während des Wachstums schwarze Turmalinnadeln eingebettet haben. So vereinigen sich in ihm die Kräfte des Bergkristalls und des schwarzen Turmalins.
Er hilft uns unser inneres Gleichgewicht zu finden und öffnet unseren Geist für eine höhere Bewußtseinsebene.

Der schwarzer Turmalin
Der schwarze Turmalin ist ein Schutzstein mit einer sehr starken Heilkraft. Er besitzt die Kraft, jegliche Negativität von uns abzuwenden. Dies gilt sowohl für negative Gedankenkräfte als auch für Erdstrahlen, Radioaktivität und krankmachende Körperenergien.
Bei schwerkranken Menschen kann er die Voraussetzung für einen positiven Heilerfolg schaffen. Weiterhin besitzt er herz- und nervenstärkende Eigenschaften, fördert die innere Disziplin und das Durchhaltevermögen.

Der Regenbogenturmalin
In ihm ist das ganze Farbspektrum enthalten, und vereinigt so praktisch alle Heilkräfte der Turmaline in sich. Leider ist er relativ selten und teuer. Man nennt ihn auch Polychrom Turmalin.

Zirkon

Chakra:	*Solarplexus*
Mineralgruppe:	*Zirkon*
Farbe:	*farblos, blau, rötlich, braun, gelb, orange, grün*
Härtegrad:	*7,5*
Spez. Gewicht:	*4,0-4,65*
Lichtbrechung:	*1,87-1,90*
Kristallsystem:	*tetragonal*
Durchsichtigkeit:	*durchsichtig*
Chemische Zusammensetzung:	*Zr(SiO₄) Zirkonerdesilikat*
Hauptvorkommen:	*Thailand, Sri Lanka, Australien, Brasilien, Madagaskar*

Historie

Der Zirkon fällt durch seine hohe Lichtbrechung auf und hat nach dem Diamanten die höchste Lichtbrechung. Im Gegensatz zum Diamanten besitzt er eine doppelte Lichtbrechung. Die farblosen Zirkone werden oft in Brilliantenform geschliffen und als Ersatzdiamanten verkauft. Sein Name leitet sich von dem persischen Wort *zurgun* für *goldfarben* ab. Das Farbspektrum des Zirkon reicht von rot, orange, gelb, braun, blau, gelb bis farblos. Der rotbraune Zirkon wird nach der griechischen Sage *Hyakinthos* als *Hyazinth* bezeichnet und kommt hauptsächlich in Thailand und Indochina vor. Farblose und blaue Zirkone entstehen durch starke Hitzeeinwirkungen im Holzkohleofen. Diese Veränderung wird jedoch nicht als Wertminderung, sondern als Farbveredelung angesehen. Durch Bestrahlen der farblosen Zirkone mit UV-Strahlen können sie eine blaue oder graue Farbe annehmen.

Der Zirkon ist ein Halbedelstein und besteht aus Zirkonerde und Kieselsäure, ist etwas spröde und druckempfindlich. Je nach Art enthält er mehr oder weniger radioaktive Elemente wie Uran und Thorium.

Körperliche Heilwirkung
bei Lungenentzündung, Allergien, Stoffwechselerkrankungen.

Psychische Heilwirkung
bei Depressionen, Erschöpfungszuständen und nervlicher Belastung.

Anwendung und Wirkungsweise
Der Zirkon hilft bei Darmstörungen und Stoffwechselerkrankungen, indem er die Leber stimuliert und den Stoffwechsel und die Hormonproduktion anregt. Bei Lungenerkrankungen ist es gut, den Zirkon so auf den betreffenden Körperbereich aufzulegen, daß die Sonnenstrahlen durch ihn hindurchleuchten können. Er kann aber auch an einer etwas längeren Kette im Leberbereich getragen werden.

Der Zirkon besitzt eine sehr sanfte Energie und ist mehr für sensible Charaktere geeignet; denn die Botschaft ist leise. Er hat das Bestreben, den Körper über einen gesunden Geist zu heilen, indem er unser Inneres in Harmonie mit uns selbst bringt, und diejenigen, die dafür offen sind, lehrt, auf ihre innere Stimme zu hören. Der Zirkon ist ein Stein der Harmonie und des Friedens, der uns dazu anhält, über unser Tun und unser Handeln zu reflektieren. Seine Strahlen spenden Trost, helfen Ängste zu mildern und Argwohn gegenüber anderen abzubauen. Durch das Tragen des Zirkons kann erfahrenes Leid vergessen und das seelisches Gleichgewicht wiederhergestellt werden.

Neben all diesen Eigenschaften schärft er unsere Sinne für die unsichtbaren Dinge des Lebens und offenbart uns kosmische Zusammenhänge.

Anhang

Die Anwendung der Heilsteine

Die einfachste Möglichkeit in ständigem Kontakt mit dem ausgewählten Heilstein zu sein, ist das Tragen eines Donats an einem dünnen Lederband. Wir können den Stein unserer Wahl beispielsweise auch in der Hosentasche bei uns tragen, und je nach Bedürfnis berühren oder hervorholen, um seine wohltuende Energie zu spüren.

Für eine gezielte Heilbehandlung durch Auflegen auf die entsprechenden Körperbereiche ist es wichtig, sich auf unser inneres Anliegen zu konzentrieren und ihn anschließend entweder bewußt oder intuitiv auf eine bestimmte Problemzone aufzulegen.

Eine Heilbehandlung kann 20-30 Minuten oder länger dauern, dennoch sollten wir uns nicht krampfhaft an irgendwelche Regeln klammern, sondern unsere körperlichen und seelischen Reaktionen beobachten und darauf achten, daß wir uns wohlfühlen. Zwar kann es wie in der Homöopathie zu sogenannten Erstverschlimmerungen kommen, trotzdem sollten wir uns zu nichts zwingen, und den Vorgang lieber tags darauf wiederholen. Es ist natürlich auch möglich, mit meheren Steinen gleichzeitig zu arbeiten, was aber ein gewisses Maß an Erfahrung voraussetzt.

Dazu ein Beispiel:

Ist es unser Vorhaben, den Energiefluß in unserem Körper zu harmonisieren, können wir für jedes Chakra einen entsprechend farbigen Heilstein auswählen, und auf das dazugehörige Chakra auflegen.

Diese Art der Heilbehandlung ist sehr direkt, und wirkt meist am schnellsten. Oft ist schon nach einer kurzen Zeit eine Veränderung unseres Zustandes zu spüren.

Die Herstellung von Edelstein-Elixieren

Bei der Herstellung von Edelstein-Elixieren ist vor allem auf die Reinheit der hierfür benötigten Utensilien zu achten. Diese sollten möglichst ungebraucht und nur für diesen Zweck verwendet werden.

Zubehör für die Herstellung von Edelstein-Elixieren
1. eine Kristall- oder Glasschale ohne Verzierung
2. eine 500 ml Glasflasche zur Aufbewahrung
3. mindestens eine 10 ml Glasflasche zum sofortigen Gebrauch
4. ein Glastrichter
5. etwa 350 ml Quellwasser oder destilliertes Wasser
6. Etiketten
7. einen Edelstahl- oder Kupfertopf

Für die Zubereitung der Elixiere sollten möglichst naturbelassene, ungeschliffene, ungeschnittene und unpolierte Mineralstücke verwendet werden, die keine Einschlüsse anderer Mineralien aufweisen.

Vor der Herstellung müssen alle verwendeten Materialien mindestens 15 Minuten gründlich in Quellwasser ausgekocht werden und möglichst an der Sonne getrocknet werden. Auch der Heilstein wird vorher gründlich gereinigt. Es empfiehlt sich, ihn in einer Glasschale etwa 20 Minuten unter leicht fließendes Wasser zu legen. Es ist zu beachten, daß auch der Stein niemals abgetrocknet wird, sondern an der Luft trocknen soll.

Zur Verstärkung der Heilwirkung kann der Stein anschließend einen Tag, mindestens jedoch zwei Stunden, dem Sonnenlicht oder eine Nacht dem Mondlicht ausgesetzt werden. Das Mondlicht wirkt bei der späteren Einnahme mehr auf die unbewußten Eigenschaften des Verstandes, während das Sonnenlicht die bewußten Qualitäten aktiviert. Es ist wichtig den Stein niemals auf metallische Gegenstände oder Zementböden zu legen, sondern dafür auf Holz, direkt ins Gras oder auf die Erde. Zur Herstellung der Edelsteinelixiere eignet sich am besten ein sonniger, wolkenloser Tag. Nachdem wir alle technischen Dinge erledigt haben, sollten wir einen Augenblick in unserem Tun innehalten und auf die Kraft des Steines konzentrieren, um möglichst gesammelt das Edelstein-Elixier herstellen zu können.

Dazu füllen wir die vorher gereinigte Glasschale mit etwa 350 ml Quellwasser oder ersatzweise destilliertem Wasser und stellen sie draußen ins Gras oder auf ein Stück Holz.

Dann legen wir den vorher noch einmal kurz abgespülten Heilstein in die Mitte der Schale und lassen ihn darin etwa zwei Stunden unbedeckt *ruhen*. Anschließend füllen wir das Konzentrat mit Hilfe des Trichters in die Vorratsflasche. Zur Haltbarmachung kann etwa 1/3 Branntwein hinzugefügt werden. Danach sollte das Elixier gut durchgeschüttelt werden. Aus dieser *Uressenz* werden sogenannte *Stockflaschen* für den sofortigen Gebrauch hergestellt. Dazu füllen wir die 10ml Glasflasche mit Quellwasser auf und geben 7 Tropfen der *Uressenz* hinzu. Sind die Witterungsverhältnisse schlecht, ist es auch möglich, diese Uressenz oder *Urtinktur* durch Erhitzen herzustellen. Hierfür legen wir den Heilstein in ein vorher ausgekochtes Becherglas, geben etwa 500ml Quellwasser hinzu und lassen ihn 10-15 Minuten darin kochen.

Die Heilkraft dieser Elixiere können wir uns sowohl innerlich als auch äußerlich zunutze machen und sie als begleitende, unterstützende Indikation bei einer Vielzahl chronischer Leiden einsetzen.

Die Herstellung von Umschlägen

Edelsteinelixiere können zum Beispiel bei Mückenstichen, Verletzungen und Hauterkrankungen auch lokal angewendet werden.

Für Umschläge werden 2 Tropfen des entsprechenden Edelstein-Elixieres in 1/4 Liter Quellwasser gegeben, ein sauberes Taschentuch darin getränkt und dann auf die zu behandelnde Stelle aufgelegt. Dieser Vorgang kann einige Male wiederholt werden. Die Mischung darf jedoch wegen der sich eventuell darin ansammelnden Keime nicht aufbewahrt werden. Besitzen wir kein Edelstein-Elixier legen wir den zuvor gereinigten Roh-Edelstein in ein Glas mit Quellwasser, lassen ihn mindestens zwei Stunden darin seine Kraft entfalten und verwenden dieses *aufgeladene* Wasser dann für die Behandlung.

Die Herstellung von Bädern

Für Bäder werden 8 bis 10 Tropfen des Edelstein-Elixieres aus der Stockflasche in die mit Wasser gefüllte Badewanne gegeben.

Besitzen wir noch kein Edelstein-Elixier, legen wir den vorher unter fließendem Wasser gereinigten und anschließend aufgeladenen Roh-Edelstein in die Badewanne, lassen soviel Wasser einlaufen, bis er bedeckt ist. Nach etwa zwei Stunden, wenn er seine volle Wirksamkeit entfaltet hat, füllen wir die Badewanne ganz mit Wasser auf und legen uns entspannt in die Wanne. Die Badedauer sollte etwa 20 Minuten betragen. Bäder eignen sich insbesondere bei Hauterkrankungen, zur Aktivierung oder Beruhigung.

Die Herstellung von Salben

Zur Herstellung von Salben werden 2 Tropfen des Edelstein-Elixieres aus der Stockflasche mit 10g Salbengrundlage (in Apotheken erhältlich) durch intensives Rühren vermischt. Salben eignen sich insbesondere zum Einreiben bei Hauterkrankungen, aber auch bei Insektenstichen, Verletzungen und Rheuma.

Die Herstellung der Notfalltropfen

Der Bergkristall ist der Stein für den Notfall. Aus ihm können wir, entsprechend der unter der Herstellung von Edelstein-Elixieren aufgeführten Anweisungen, die Uressenz herstellen und in eine Stockflasche zum sofortigen Gebrauch abfüllen.

Diese Tropfen können dann beispielsweise als erste Maßnahme bei Schock, Angstzuständen, Streß, drohender Bewußtlosigkeit, Unfällen oder plötzlicher Krankheit gegeben werden. Sie unterstützen den Heilungsprozess, ersetzen jedoch keine ärztliche Hilfe.

Hierfür geben wir 5 Tropfen dieses Elixieres in ein Glas mit Quellwasser und lassen den Kranken in Abständen schluckweise davon trinken.

Therapeutischer Index

Abwehrschwäche:	Bernstein, Onyx
Aggression:	Chalzedon, Chrysoberyll
Allergien:	Amethyst, Aventurin, Lapislazuli, Zirkon
Ängste:	Aquamarin, Chrysoberyll, Diamant, Mondstein, Pyrit, Rosenquarz, Türkis
Antriebsschwäche:	Karneol
Aphrodisierend:	Diamant, Granat, Koralle
Atemwegserkrankungen:	Chalzedon, Tigerauge
Aufbauend:	Koralle
Augenleiden:	Achat, Bergkristall, Beryll, Falkenauge
Asthma:	Bernstein, Chrysoberyll
Arthritis:	Fluorit, Peridot
Ausdauer:	Kunzit, Onyx
Ausdrucksfähigkeit:	Aquamarin, Chalzedon
Bauchspeicheldrüse:	Chrysoberyll, gelber Jaspis, Mondstein, Onyx
Beruhigend:	Amethyst, Aquamarin, Chrysoberyll, Rhodonit, Sodalith
Blutbildend:	Bergkristall, Chalzedon, Hämatit
Blutdrucksenkend:	Lapislazuli, Karneol
Bluthochdruck:	Karneol
Blutungen:	Chalzedon, Hämatit, Heliotrop, Karneol, Malachit, Pyrit
Blutvergiftung:	Citrin
Darmbeschwerden:	Bergkristall, Beryll, Chrysoberyll, Magnesit, Mondstein
Depressionen:	Koralle, Lapislazuli, Pyrit, Rauchquarz, Zirkon
Diabetis:	Citrin
Drüsenerkrankungen:	Zirkon
Durchblutungsfördernd:	Karneol, Kunzit, Rosenquarz, Türkis

Therapeutischer Index

Entzündungen:	Falkenauge, Lapislazuli
Epilepsie:	Achat, Diamant, Kunzit, Malachit
Erkältung:	Chrysokoll
Erschöpfung:	Bergkristall, Chalzedon, Dioptas, Hämatit,
Fieber:	Achat, Bernstein, Lapislazuli
Friedfertigkeit:	Chrysoberyll
Fruchtbarkeit:	Granat, Koralle, Rauchquarz
Galle:	Karneol
Geburt:	Achat, Jade, Jaspis, Mondstein
Gehirnerkrankung:	Diamant
Gehörverbessernd:	Jaspis
Geistige Klarheit:	Lapislazuli
Grippe:	Beryll
Geschlechtsorgane:	Granat, Rauchquarz
Geruchsinn stärkend:	roter Jaspis
Gicht:	Saphir, Smarad
Hauterkrankungen:	Aventurin, Bergkristall
Halserkrankungen:	Chalzedon, Lapislazuli, Pyrit, Rutilquarz
Haltungsschäden:	Azurit, Bergkristall
Harmonisierend:	Bergkristall, Bernstein, Falkenauge, Koralle, Rhodonit, Sodalith, Spinell, Turmalin
Hautunreinheiten:	Koralle, Onyx
Hämorrhoiden:	Heliotrop
Hellsichtigkeit:	gelber Jaspis
Herzberuhigend:	Koralle
Herzbeschwerden:	Bergkristall, Malachit, Smaragd
Herzstärkend:	Dioptas, Kunzit, Onyx, Peridot, Rauchquarz, Rhodochrosit, Rhodonit, Turmalin
Hormonstörungen:	Chrysokoll
Hypermotorik	Amethyst
Insektenstiche:	Achat

Therapeutischer Index

Jähzorn:	Saphir
Kehlkopfkatarrh:	Chalzedon, Lapislazuli, Pyrit
Knochenerkrankung:	Koralle, Onyx
Koliken:	Malachit
Kopfschmerzen:	Falkenauge
Konzentrationsfördernd:	Aquamarin, Diamant, Fluorit, Rutilquarz, Tigerauge
Kräftigend:	Dioptas, Rauchquarz, Turmalin
Krampfadern:	Karneol
Kreativität:	Malachit, Rauchquarz, Türkis
Krebs:	Malachit, Smaragd, Türkis
Kreislaufstörungen:	Bernstein, Chalzedon, Granat, Koralle, Rosenquarz, Smaragd, Spinell
Leberstörungen:	Aventurin, Beryll, Citrin, Granat, Karneol, Peridot, Rosenquarz
Lethargie:	Diamant, Karneol
Lungenerkrankungen:	Chalzedon, Rutilquarz
Lymphstörungen:	Sodalith
Magenbeschwerden:	Achat, Bergkristall, Chrysoberyll
Magengeschwüre:	Mondstein
Magersucht:	Kunzit
Mandelentzündung:	Bernstein, Beryll, Lapislazuli, Pyrit
mangelnde Liebesfähigkeit:	Amethyst, Kunzit, Rosenquarz
Meditation:	Amethyst, Aquamarin, Azurit, Falkenauge, Jade, Lapislazuli
Melancholie:	Chalzedon, Koralle, Lapislazuli
Menstruationsbeschwerden:	Achat, Chrysoberyll, Lapislazuli
Migräne:	Falkenauge
Milchbildend:	Chalzedon, Malachit

Therapeutischer Index

Milchbildend:	Chalzedon, Malachit
Minderwertigkeitsgefühl:	Amethyst, Chrysoberyll, Diamant, Falkenauge, Heliotrop
Milzerkrankung:	Azurit, Chalzedon, Granat, Mondstein
Nackenverspannung:	Kunzit
Nagelstärkend:	Onyx
Nebenhöhlenentzündung:	Saphir
Negativität:	Chrysokoll
Nervenschmerzen:	Magnetit, Saphir
Nervenstärkend:	Bernstein, Onyx, Magnesit
Nervöse Herzbeschwerden:	Aventurin
Nervosität:	Saphir
Nierenerkrankungen:	brauner Bilderjaspis, Peridot, Citrin
Ohrenschmerzen:	Bernstein
Rekonvaleszenz:	Hämatit
Rheuma:	Peridot, Saphir, Smaragd
Sehstörungen:	Diamant
Sehkraft stärkend:	Jade, Lapislazuli, Saphir, Smaragd
Schilddrüsenstörungen:	Azurit, Bergkristall, Bernstein, Chrysokoll
Schlaflosigkeit:	Lapislazuli, Saphir
Schlangenbisse:	Achat
Schmerzen:	Malachit, Pyrit, Rutilquarz, Türkis, Magnesit
Spiritualität:	Azurit, Fluorit, Heliotrop, Mondstein
Streß:	Chrysokoll, Dioptas, Mondstein, Magnesit
streßbedingte Herzerkrankung:	roter Granit

Therapeutischer Index

Stoffwechsel-	
erkrankung:	Fluorit, Granat, Sodalith, Türkis, Zirkon
Schuppenflechte:	Aventurin
Schwangerschaft:	Achat
Trunksucht:	Achat
Thymusdrüse:	gelber Jaspis
Überanstrengung:	Aventurin
Überreiztheit:	Chalzedon, Chrysoberyll, Lapislazuli
Unausgeglichhenheit:	Amethyst, Dioptas
Unfruchtbarkeit:	Rosenquarz
Unruhe:	Magnesit, Mondstein, Rutilquarz, Saphir,
Unsicherheit:	Saphir
Unterleibs-	
beschwerden:	Heliotrop, Jaspis, Mondstein
Wachstum:	Malachit
Wadenkrampf:	Hämatit
Warzen:	Lapislazuli
Wechseljahre:	Magnesit, Mondstein
Wunden:	Karneol, Malachit
Zahnungs-	
beschwerden:	Bernstein
Zahnschmerzen:	Malachit
Zeckenbisse:	Achat, Amethyst
Verdauungs-	
beschwerden:	Mondstein
Vergiftung:	Diamant, Malachit
Verletzlichkeit:	Peridot
Verletzungen:	Granat
Vitalität:	Jaspis, Opal

Literaturverzeichnis

Besant, Annie: Der Mensch und sein Körper, München 1981
Boericke, William: Homöopathische Mittel und ihre Wirkungen, Leer 1972
Clark, Andrew: Minerale erkennen, Stuttgart 1979
O`Donoghue, Michael, Gesteine und Mineralien, Augsburg 1990
Goethe, Johann-Wolfgang: Naturwissenschaftliche Schriften, Dornach 1982
Harder, Hermann: Lexikon der Minerale und Gesteine, Frankfurt/Main 1977
Leadbeater, C.W. : Die Chakras, Freiburg 1987
Markham, Ursula: Universelle Kräfte der Edelsteine, München 1990
Metz, Rudolph: Antlitz edler Steine, Stuttgart 1964
Schuhmann, Walter: Steine und Mineralien, München 1973
Stobbe, Dieter: Mineralien, Steine und Fossilien, Niedernhausen 1978

Axel Meyer
Dr. Peter Wolf, Cordula Bruch

Aktive Krebstherapie und Vollwertkost

Für alle, die mit Krebs konfrontiert sind,
ist dieses Buch ein praktischer Ratgeber,
der umfassend auf die Krankheit eingeht
und auch in Zeiten der Resignation Mut
macht und neue Perspektiven eröffnet.

4. Auflage
144 Seiten, gebunden, Farbfotos
Format: 14,8 x 21 cm
DM 24,80

ISBN 3-926014-13-X

Dr. Martin Konitzer, Dr. Peter Wolf
Naturheilverfahren für Säuglinge und Kinder

Ein Ratgeber für die sanfte
Kinderheilkunde
Mit einem Vorwort von Prof. Dr. H. Heine

Dieses Buch ist ein praktischer Ratgeber für
alle verantwortungsbewußten Eltern,
die ihre Kinder natürlich behandeln lassen
wollen. Es greift alltägliche Fragen aus der
Sprechstunde auf und bezieht Stellung
zu den häufigsten und bedeutendsten
Kinderkrankheiten.

152 Seiten, gebunden
Format: 14,8 x 21 cm
Preis ca. DM 29.80
ISBN 3-926014-18-0